「本を売る」という仕事

注文カード

貴店名

年　月　日

部数　部

株式会社
潮出版社

「本を売る」という仕事　書店を歩く

長岡義幸　著

定価
本体1,600円
（税別）

9784267021121

ISBN978-4-267-02112-1
C0034 ¥1600E

書店を歩く

Yoshiyuki Nagaoka
長岡義幸

潮出版社

「本を売る」という仕事

〈はしがき〉

本書は、月刊『潮』二〇一五年六月号から一七年七月号に二十六回にわたって連載した「書店を歩く」をベースにしつつ、構成を見直して改稿したものです。ただし、東日本大震災と熊本地震で被災した書店に触れた第5章は、ほぼ時系列で記述しました。

取材した方々の年齢や肩書は、基本的に初出時のままとしました。必要に応じて、現状を補った部分もあります。数字等は一部、最新のデータに更新しました。

「本を売る」という仕事◆目次

装幀　Malpu Design（清水良洋）

プロローグ　〝旅〟のはじめに

ラジオ体操とともに開店する本屋

西に見える丹沢《たんざわ》の山なみの際《きわ》に、満月を間近にした月が赤黒く輝きつつも、あたりはまだほの暗い二〇一七年一月の朝六時過ぎ――。横浜市青葉区で営業する昭和書房を訪ねると、店内からは灯りが漏れ、店主の大河原賢司さん（四十四歳）が雑誌のスチール棚をガラガラと押しながら外に出てくるところだった。

「少し前、もうお客さんがいらっしゃいました。今日発売の雑誌を買っていかれたんですよ」

大河原さんは、バス通りを挟んだ店の向かい側の広場にいる男性を見やりながら、あの方ですと教えてくれた。その人のまわりには、高齢者が三々五々集まりつつあった。

広場のその先には、都市再生機構・奈良北《ならきた》団地の建物が林立する。三〇〇〇人ほどが暮らす比較的大きな団地だ。しばらくすると、毛糸の帽子にマフラーという出で立ちで防寒した雨池好子さん（八十歳）が店に顔を出し、「朝からたいへんだね」と話しかけながら大河原さんに飲み物などを差し入れた。雨池さんのつれあいは元国鉄職員。その夫の定年後、奈良北団地に移り住み、いまは一人暮らしだという。大河原さんとの朝のあいさつを終え、彼女も団地前の広場に向かっていく。

団地の広場には、元日もお盆も毎日欠かすことなく、地域の住人がラジオ体操に集う。雨池さんら地元の老人会が呼びかけてはじまった行事だ。雨池さんは、ラジオを持参して操作する係でもある。

広場に行ってみた。道路の向こう側では、昭和書房の蛍光灯がまぶしく光っているのが見える。まわりを見渡すと、高齢者ばかりかと思いきや、母親に手を引かれた学齢前の女の子や壮年の男性も混じっていた。

六時半になると雨池さんの持ってきたラジオから「それではご一緒に。ラジオ体操第一です。最初は背伸びの運動から――」というアナウンサーの声とともに、聴きなれた軽快な音楽が流れ出した。久しぶりのラジオ体操だったけれど、いい汗をかくことができた。

終わってみるとあたりはもう明るい。参加者は私を含め四七人だった。

昭和書房の朝はかなり早い。通常でも午前七時半には開店する。週刊誌や月刊誌などの雑誌の入荷の多い日には朝の六時過ぎ、ときには四時半に開店することさえある。

雑誌は日曜以外、毎日、何らかのタイトルが発売になる。だが、入荷量が一定しているわけではない。月刊誌なら、毎月一日は家庭誌や学年誌、十日は男性誌や総合誌、二十三日は女性誌というように、特定の日に売れ筋の発売が集中する。昭和書房は美容院や病院、図書館、個人宅など一五〇軒の外商先を抱え、繁忙日には運送会社が運んできた段ボール箱が店内にうずたかく積まれる。

「待っているお客さまのために、毎日九時には配達先に出かけます。早朝から仕分けをはじめるので、店にいるなら、お客さまが来ても来なくてもいいから店を開けておこうと、入荷の多い、月に五日か六日は、六時に開店することにしたんです」

（大河原さん）

団地の商店街のなかにある昭和書房

店の周囲は高齢者の多く暮らす街である。地域住人に早朝営業が認知されるようになり、シャッターを開けると、「ああ、今日もやっている」とラジオ体操の前後、新聞や雑誌を買いに来てくれる人が現れるようになった。

ラジオ体操が終わった後、雨池さんにとって昭和書房はどんな場所なんですかと尋ねたら、「暗いなか明るい光が見えるのはいいですよね。買うものがなくても立ち寄っちゃうんです」と嬉しそうに話してくれた。

昭和書房は六〇年ほど前に東京・神田神保町で創業した。南極に日本の観測基地ができた一九五七年ごろ、大河原さんの父親で先代店主の忠男さんが昭和基地の名にあやかって命名した。当時は、企業向けの外商専門の書店だったそうだ。

忠男さんと母親の和子さん夫妻は息子の大河原さんが誕生したのを機に、一九七一年、新しくできた街で暮らそうと青葉区に転居し、店も団地の街開きの日に移転オープンした。

その後、店舗は団地周辺で二度移転し、七年前までは近くのショッピングセンター内で営業していた。売り場面積は三五坪だった。ところが、メインの店舗の撤退で退店を余儀なくされる。二階を父母の自宅にする一五坪の文具店と合体し、出版物一〇坪、文具五坪と、売り場を分け合うことにした。

「以前の店は、雑誌の扱いに厚みのある八〇年代、九〇年代ならよくあった、街の本屋さんでした。店を集約して、在庫はかなり削りましたが、商品構成はあまり変わりません。すぐに取れる（仕入れられる）商品は、取次《とりつぎ》（本の問屋）が倉庫のつもり。それで困ることはありません」

だが、大きく変わったことがある。テナント時代は、入店できる時間が決まっていたため、配達の準備や開店の作業に使える猶予《ゆうよ》があまりなかった。しかし、移転後は自己物件だから制約はなくなり、時間を自由に使えるようになる。

これを機に、外商先を徐々に拡大し、雑誌の扱いが増えていった。書籍・雑誌、文具以外の商品やサービスも次々と展開した。高齢の利用者から針と糸はないか、釘はないか、絆創膏はないかと聞かれると、応えられる範囲で置くようにしていった。

〝ご用聞き〟はさらに広がる。近所にあるＴＢＳ緑山スタジオから、ドラマの小道具として使う雑誌の手配や社長室のセットに飾る昔の百科事典の入手を頼まれた。企画段階からミーティングにも顔を出して提案しているうちに、「この時代の雑貨も探してもらえる？」と出版物以外でも声がかかるようになった。二〇一六年に放映された人気ドラマ「重版出来《しゅったい》！」「逃げるは恥だが役に立つ」のセットにも協力した。

常連の雨池好子さんと談笑する店主の大河原賢司さん（右）

「性格なのか、どんどん首を突っ込みたくなったんです」と大河原さんは嬉しそうに話す。古書店やリサイクルショップなどの人脈をフルに活用して小道具類を手に入れているそうだ。

延長線上で古本の置き場に困っていた近所の住人のために処分を引き受けたり、古書販売を手掛けたりするようにもなる。店内の一角では、岩波書店の「新書」が値引き販売されていた。でも、古本には見えない。

書店に入荷した出版物の多くは、売れ残れば出版社に返すことができるものの、岩波書店の場合は、返品を受け取らない「買切」を取引条件にしていることで知られる。すでに商品代金の支払いを終えているから、書店が自由に〝最終処分〟ができるかといえば、定価販売を約束する契約（再販売価格維持契約）を結んでいるので、値引き販売ができないという矛盾を抱えた商品である。

でもなぜ、値引き販売をしているのですかと、大河原さんに尋ねると「新品ですが、古本です」という答えが返ってきた。廃業した近所の書店から処分するのはもったいないので引き取ってほしいと頼まれ、古書として販売しているのだそうだ。期せずして、〝競合店〟のやるせない最後を知った……。

思いがけない話も飛び出した。「このあたり、シャッターを閉めている店が少ないでしょう。実は不動産の仲介もしているんです」。やむなく閉店した商店の跡に新しい事業者を呼び込んで商店街を守ろうと考えてのことだ。不動産仲介の資格を取って、専門業者を紹介する。昭書房の隣にあるカフェや近くの接骨院は大河原さんが仲介した物件だ。その上、産廃業者ともつながる。「最後のおつきあいになってしまうのですが、閉店した店などの解体で出る廃材を引き取ってもらうためです。切羽詰まって直接、産廃業者に頼むとふっかけられてしまう。うちを通じると、かなり安く済みます」と言う。

大河原さんにとって大きな転機となったのは東日本大震災だった。直後にお客から「懐中電灯はないか」「電池が欲しい」と尋ねられた。方々《ほうぼう》探して関西から仕入れた。

知り合いに頼まれ、工場や倉庫が被災し、潰れたりへこんだりして売り物にならなくなった缶詰も扱った。

「バッタ屋さんに届いた商品を置いてくれ、と。当時、食品を法外な値段で売ったり、購入点数を絞ったりする店がありましたが、うちでは好きなだけ買っていいよと言った。これはいい経験になりました。食べ物がお客さまの気持ちを惹《ひ》くことがわかりましたから」

その後、震災関連の災害マップなどが売れたので、あとで本の売り上げに返ってきたかたちになる。

最近は、スポット的に農家の朝採れ野菜を置いたり、輸入菓子、コーヒー豆なども扱う。書店のお客としてつきあいのなかった人が野菜を買いつつ「最近できた店ですか」と話しかけ、ついでに雑誌を買っていく姿も見られるようになった。

「あの店に行けば何でも要望を聞いてくれる」と信頼され、高齢化の進む街で、なくてはならない存在になった。「本ありき。それが軸《じく》。きっかけとしてほかの商品も楽しんでほしいのです」と大河原さんは話す。

昭和書房は、出版物をコアにする街のよろず屋だった。これも書店としてのひとつの道行きである。

昭和書房は、街の本屋として異彩《いさい》を放っていた。だが、人口三〇万人になる横浜市青葉区には、大手書店やチェーン書店が一〇店前後営業するも、昭和書房は唯一の家族経営の書店になってしまったという。

関東のある街では、こんなことが起きていたことを思い出す。駅の周辺には小さな書店が六店営業していた。そこにチェーン書店傘下の大型店が出店した。経営が厳しくなったためか、以前あった書店のうち三店が閉店してしまう。

今度は、隣の街に別の超大型店が開店した。先に出店した大型店はあっさり撤退する。残っていた小規模の店も、超大型店の余波と後継者がいないといった事情が重なってすべて廃業を余儀なくされた。もともと六つの書店があった街は、数年のうちに書店ゼロになってしまったのである。

都心のターミナル駅周辺も似たようなものだ。たとえば、出版業界が絶頂に達した二〇年前、東京・渋谷駅周辺には、「本のデパート」を惹句《じゃっく》にしていた六階建ての大盛堂書店、東急文化会館内の三省堂書店、東急プラザ内の紀伊國屋書店、第一勧業銀行共同ビル地下の旭屋書店と、当時であれば超大型店クラスの有名書店がひしめいていた。ところが、いまや同じ場所で営業する書店は一軒もない。閉店の事情はそれぞれ異なるものの、二昔前に、こんな日がくると思った人は誰もいなかったのではないか。

書店の経営環境が急激に悪化している。取次のトーハンの統計では二〇一七年七月現在、新刊書店のない自治体は北海道歌志内《うたしない》市、茨城県つくばみらい市、宮崎県串間《くしま》市、鹿児島県垂水《たるみず》市などの七市を含む四二〇市町村・行政区に上っていた。一八九六自治体・行政区全体の五分の一にも及ぶ。都道府県別では、北海道五八市町村、長野四一町村、福島二八町村の順に〝無書店自治体〟が多かった。二〇〇〇年代に陸続《りくぞく》とした市町村合併前の旧市町村域で見れば、一定の人口があるにもかかわらず、書店のない地域はもっと多いはず。大合併によって〝無書店〟地域が見えなくなってしまったとも言えそうだ。

書店の全店調査をしている出版社、アルメディアの調査では二〇一七年五月一日現在、全国の書店数は一万二五二六店だった。一九九九年に二万二二九六店あった書店が一七年間で四三パーセント以上も減少していた。単純計算で毎年五〇〇〜六〇〇店ずつ書店がなくなっていたことになる。

二〇一六年の数字を詳しく見ると、よりいっそう厳しさを実感せざるを得ない。支店を含む新規開店が一三三店、閉店が六三二店だった。新しい店舗が一軒できると、その一方で五軒近くが消えているわけだ。アルメディアが統計を発表しはじめた一九九九年以後に開店し、二〇一七年を待たずに閉店した書店も加えれば、一度でも営業したことのある書店の半数前後しか営業を継続できなかったということでもある。

もう少しさかのぼると、バブル崩壊直前の一九九〇年代初めには、二万三〇〇〇〜二万四〇〇〇店の書店があったとされる。このとき存在していた書店で、いまも同じ場所で営業を続けている書店はおそらく三割前後にしかならないだろう。なくなった書店の過半は、小規模の街の本屋であることは間違いない。

では、大型書店やチェーン書店はどうか——。決して安泰とはいえそうにない。一九九七年には、ジュンク堂池袋本店が一〇〇〇坪という広大な売場で開店した（二〇〇一年に二〇〇〇坪に増床）。この前後から、ナショナルチェーン書店は、スクラップ・アンド・ビルドを繰り返しつつ、売り場面積の拡大を続けた。近年まで書店数は減っても、新規書店の大型化が進んだことから、すべての書店を合わせた売場面積は増加の一途だったのである。ところが、二〇一三年前後に総売場面積も減少に転じ、二〇一四年には閉店した書店の平均売場面積がはじめて一〇〇坪を上回った。規模を追求して売り上げを伸ばそうとしても、現実は厳しかったということだ。

その一方で、二〇〇〇年にはアマゾンが日本に上陸して、急激に規模を拡大し、いまや紀伊國屋書店などを大きく抜き去り、事実上、売上高日本一の書店になっている。〝リアル書店〟は、ますます居場所を失っているかのようだ。

書店が苦境に陥《おちい》っている最大の理由は、出版市場全体の急激な縮小のゆえである。ピーク時の一九九六年、トータルで二兆六五六四億円の推定販売額を誇っていた書籍・雑誌の市場は、二〇一六年には三分の二以下の一兆四七〇九億円に縮小した（出版科学研究所調べ）。とりわけ雑誌の落ち込みは激しく、一兆五六三三億円だったのが二〇一六年には七三三九億円になってしまった。半減以下だ。雑誌の販売に頼る小規模の街の本屋にとってはまさに痛打《つうだ》となっている。得点と失点の総和がゼロにすぎない〝ゼロサムゲーム〟どころか、縮小するパイの食い合いといってもいい状況だ。

「本屋は街のインフラだ」と喝破《かっぱ》した人がいた。昭和書房のように、日常的に触れることのできる近所の本屋こそ、なくてはならない社会基盤だと思いたい。

では、「出版文化」の最前線を担《にな》う書店で何が起きているのか、いったい起死回生策はあるのか――。答えを探しに、全国の街の本屋の現場を歩いてみた。

第1章

しぼむ街の本屋

消えゆく「街の本屋」

奇跡の本屋構想の道半ばで

北海道には、街の本屋として全国にその名が知られる有名書店がいくつかある。

そのひとつ、札幌市厚別《あつべつ》区のくすみ書房は、「なぜだ!? 売れない文庫フェア」と銘打って埋もれていた本をプッシュしたり、「本屋のオヤジのおせっかい 中学生はこれを読め!」という棚をつくって読書推進に努めたりと、読者の興味をそそる売り方で注目を集めた書店だ。

近年は、書店のない町のNPO関係者の相談に乗り、週一日だけ店を開く浦河《うらかわ》町の「六畳書房」の立ち上げにかかわり、その延長線上で、自店でも「新発想の本屋を作ります」と宣言して新たな業態を模索《もさく》するなど、意欲的に〝書店再生〟に取り組んでいた。

そのくすみ書房の店主、久住邦晴さん（六十四歳）に、取材を申し込むと「閉店することになりました」という返事が電話口から返ってきた。思いがけない話に驚くほかなかった。

二〇一五年六月十日の深夜、くすみ書房のツイッターには〈突然のお知らせですが、6月21

日（日）を最終日とし、くすみ書房大谷地店を閉店いたします〉〈まことに悔しく情けないことですが、どうぞお許し下さい〉という短文が載った。翌十一日の北海道新聞では〈大手書店の地方出店、電子書籍の普及など、出版環境の変化に伴《ともな》う売り上げ減少に歯止めがかからず、8日に閉店を決めた〉と報じられた。北海道新聞に掲載された、店頭掲示用に準備した「お知らせ」の写真には「本日発売の雑誌・書籍は、諸事情により当店には入荷しておりません。ご迷惑をおかけします。申し訳ございません」とも書かれていた。閉店を公表してから一〇日ほどしか猶予《ゆうよ》のない、厳しい事態であることが窺《うかが》われた。

くすみ書房は、一九四六年に創業した老舗《しにせ》格の書店だ。二〇〇九年には、創業の地である札幌市の琴似《ことに》から地下鉄大谷地《おおやち》駅近くのショッピングセンター内に移転。二〇一三年には、売り上げ不振で閉店の危機に見舞われたものの、クラウドファンディング（ある目的のためにインターネットで不特定多数の人から資金を募る手法）で集まった五〇〇人ほどの支援金によって存続を果たした。その後、「奇跡の本屋づくり」「新発想の書店」をキャッチフレーズに反転攻勢に転じていたはずだった。

閉店を前に、くすみ書房大谷地店に赴《おもむ》いた。真新しい什器《じゅうき》に明るめの照明で、店内はオシャレな雰囲気が漂《ただよ》っていた。「中学生はこれを読め！」など、写真で見知っていた看板の実物も見ることができた。

書籍売り場の一角には、従業員が「店長の本棚」と呼ぶ二坪ほどのコーナーがあった。硬めの人文書や写真集、ノンフィクション、文芸書、文庫などが並び、『本屋図鑑』（夏葉社）、『離島の本屋』（ころから）などの出版関連書も集められていた。久住さんの頭のなかを表現した品揃えのようだ。四月につくったばかりの売り場だというから、閉店など予想だにしていなかったことがわかる。

だが、ほかの書店とは異なる景色が広がっていた。書棚はところどころにすき間ができていた。コミックのほとんどはすでに段ボールに梱包《こんぽう》され、何もない棚は寂しげだった。

閉店準備を進めていた久住さんに事情を聞いた。

「取引先との約束を履行《りこう》できなかったため、営業ができなくなりました。店づくり、棚づくりを一所懸命やってきたものの、結局、金儲けが下手で、利益を出すことができなかった。最高に頑張っても差し引きゼロ。うちのやり方は、手間暇がかかるので、人件費もかかりました。これだけのことをやるには、粗利益《あらりえき》二割では難しい。これがネガティブな結論です」

しかし、諦《あきら》めたわけではない。

「店を閉めることになったとき、なんのために本屋をやっているのかを考えました。うちの店の特性は、中学生や高校生に読書の大切さを伝える取り組みです。いまの店がダメになっても、これがやりたかったこと、大切にしていたことだと確認することができました。最悪の事態になったとしても、はい上がるエネルギーはあります」

取引先に迷惑をかけたとして、すでに取り下げたものの、久住さんが提案していた書店生き残りのための「新発想の本屋」構想をあえて記録しておきたい。その構想では、利益の出る本屋、客とのつながりで成り立つ本屋などを柱にしていた。具体的には、「借金をせず、すべて現金払い」「少ない在庫を維持」「プロの選書を提供」といった目標だ。街の小書店が次々と姿を消すなか、潰《つぶ》れることのない、そこに存在することに価値のある〝コミュニティ本屋〟という、はた目には魅力的なアイデアだった。

二〇一三年の経営危機の際には、多くの人から支援を受け、二〇〇六年から運営している「くすみ書房友の会『くすくす』」というブッククラブの会員も一三〇人になっていた。

閉店したくすみ書房の「店長の本棚」。個性的な棚つくりが好評だった

「私どもの店に共感していただいたお客さまと直接つながることが、最低限必要なことと感じていました」

こう久住さんは振り返る。

閉店を告知した一週間の間に、一〇〇人以上のお客が「いままでありがとうございました」「次の本屋を楽しみにしています」と声をかけてくれたそうだ。応援する人々は確かに存在していた。

久住さんの蒔《ま》いた種が芽吹《めぶ》けば、疲弊《ひへい》する街の本屋の希望にもなったに違いない。だが、そんな希望を見いだすためにくすみ書房の取り組みを聞くつもりだったのに、逆に書店の苦境を再認識することになってしまった。残念ながらくすみ書房は閉店直後、札幌地裁から破産手続きの開始決定を受けたという報を聞いた。

閉店、それぞれの事情

旧知の書店主に、最近の様子を聞こうと、連絡を取った。

「先月、店を閉じました。ほんとうはスパッとやめたかったのですが、図書館との取引が残っていたので、完全廃業は来年に延びました。こんなに本が売れなくなって、経営が厳しいのに、子どもに跡を継がせるなんて考えられません。進むも地獄、退《ひ》くも地獄です」

対応したのは、若かりしころ独立起業し、首都近郊で小さな書店を営んできた本木知男さん（仮名、六十代）だ。

本木さんとは、四半世紀前、彼が脂《あぶら》の乗った壮年のころに出会った。店を切り盛りしつつ、書店の事業者団体の青年部役員として出版物の配送の遅さ、利益の少なさなど、出版業界内の矛盾を解決しようと、書店経営者どうしでアイデアを出し合ったり、取次《とりつぎ》や出版社と交渉したりと、奔走《ほんそう》していた。出版産業はまだまだ伸びしろのある時代だったものの、小規模の街の書店はすでに汲々《きゅうきゅう》としていた。

以来、本木さんは「青年部の活動にぎりぎりのところで懸《か》けている。うまくいかなければ書店をやめるしかない」という言葉を漏《も》らすほどに、〝業界革新〟に全力を注《そそ》いできた。だが志《こころざし》を遂《と》げないまま、刀折れ矢尽きたかっこうだ。

本木さんは無念の思いをこう語った。

「もう死ぬしかないという書店が出てくるかもしれない。しぶといのが本屋なのですが……」

その後、完全に廃業したと、風の便りに聞いた。


ある都市の駅前に建つ再開発ビルで営業していた地場の書店も数年前、半世紀以上の歴史に幕を下ろした。周辺の商店街にあった店舗を駅前に移し、その後、大企業などが入るビルにテナントとして入居したという経緯から、はた目には順風満帆に見えていたのだけれど。

経営者の谷川裕喜さん（仮名、四十代）は、店頭ではいつも朗《ほが》らかに対応し、お客はもとより社員やパート・アルバイトからも好かれていた。閉店のときは、地元の人や常連客、元従業員、それに出版社の営業部員らが三々五々集まり、笑顔の〝お別れ〟になったと、知人から聞いていた。

谷川さんは、他の書店に勤めた後、二十代で父親の跡を継いだ。最初に取り組んだのは、複数あった支店のうち一店舗の閉鎖だった。父親の代に無理をして出店したものの、「じわじわと本が売れなくなり、これ以上お客は増えないだろうと判断した」からだ。経営者として最初に取り組んだのは、いわば〝撤退戦〟だった。

スリムになったところで、谷川さんはセンスを発揮することになる。「地域の人やビジネスマン向けの店なので、尖《とが》ったことや奇抜なことをするとお客さまが付いてこられなくなる」と考え、オーソドックスな品揃えを旨《むね》とした。ビジネス書を充実させるとともに、児童書もきっちりと扱った。

正統派の品揃えといった趣《おもむき》ではあったものの、利用者が目当ての本を買って、さっと帰って行くような書店を目指したのではない。「お客さまをあっと驚かせて、足を止めてもらう」ために、本以外の商品も積極的に置いた。店内での滞在時間を長くして、さまざまな出版物に触れてもらおうとする工夫であった。

書店人のなかには、「棚で会話する」という職人かたぎの人がいる。思い入れを込めた棚をつくり、その配列でお客をうならせたり喜ばせたり、この本を買った人は、次はこの本を買うだろうと、流れに沿った本を置いてみたり。いわゆる〝文脈棚〟と呼ばれるような本の並べ方によって、書店員と読者が無言の対話を重ねるというスタイルだ。

だが、谷川さんは直接の対話を多用する売り方を選んだ。売り場で選書に迷っているお客がいたら、「何をお探しですか」と話しかけ、この本はあるかと尋ねられて売り場になければ、いったんは仕入れるようにした。棚に並べると「意外に買ってくださった」と言う。

こんな逸話もある。毎週、店頭にない本を注文してくれる高齢者がいた。どこで知ったのだろうかと思うような意外な本ばかり。試しに同じ本を一冊余分に注文し、店頭に並べてみた。ほとんど外れがなく、別のお客が購入してくれた。お客に学ぶ醍醐味《だいごみ》を味わっていた。

にもかかわらず、なぜ閉店してしまったのか。テナントとして出店したときの借金が重荷だったらしい。谷川さんは「私たちの力のなさが原因」と語る。それとともに、小規模店の限界を感じていた。

「お客さまの嗜好《しこう》が多様化している。街の本屋の規模では、置いてある商品が足りない。『この本屋には、欲しい本がない』とお客さまが思えば、来店しなくなってしまいます。二〇〇坪以下の一般の書店では、商売が成り立たないのかもしれません。なにも書店だけの話ではなく、個人商店はどこも厳しい。商売のしくみが変わってきたのではないでしょうか……」

小書店は、出版物プラス何かが必要だという。お客とのコミュニケーションを大事にするブックカフェのような業態もひとつの選択肢なのかもしれないと、谷川さんは振り返る。現在は別の地方に転居し、カフェふうの店を開いた。物販コーナーには、谷川さんがセレクトした出版物も置いてあるそうだ。

「ぼくにとって、やっぱり書店という商売はとても楽しかった。いつかは、またやりたいと思っています」

谷川さんは、こう前向きに語る。本屋をやめても、心は書店人と変わりがないのだ。

書店の存続を阻む「家賃」の壁

首都圏の私鉄の駅構内という一等地で営業していた一〇坪ちょっとの書店が二〇一五年の晩春、ひっそりと閉店した。いわゆる駅ナカ書店だ。店の前はひっきりなしに乗降客が行きかい、訪れるお客は途切れることなく熱気でむんむんとしていた。これ以上の好立地はないというほどの繁盛店だったはずなのに……。

小さな売り場ではあったけれど、売れ筋の書籍や雑誌、コミックス（コミック単行本）などが大量に並び、最上部は背伸びしないと届かないほど高い書棚が林立して、その棚にはぎっしりと本が詰め込まれていた。通路はお客がすれ違うのもやっとという狭さだった。

駅ナカ書店といえば、駅売店のように目的の商品を購入すれば、お客はすぐに帰ってしまうものだ。しかし、この書店は、客層に合わせて歴史小説を充実させたり、街の本屋ではあまり見かけない硬めの本を並べたり、工夫を凝《こ》らしていた。興味深かったのは、平台《ひらだい》に置いた書籍の見せ方だ。「平台は本の高さが大事。高さが高ければ売れているから、低いのは売れたから、というように見せています。後ろに下げるときは、売れ行きが落ちたと思わせないように、ＰＯＰ（手書き広告）をつけて逆に目立たせたり。ディスプレイ次第で、その本の本来の力以上に売ることができます」と、店長は語っていた。

その店長は一日中、棚に触《さわ》っていた。一冊売れれば、代わりの一冊を棚に収めるだけというのではない。その本が売れたことで、次にどうつながるかを常に考え、棚全体を手入れする。意図《いと》して置いた本がなくなると、棚の流れが変わるので、もう一度、全体を見直すという迂遠《うえん》な作業だ。店が終わる時間になって、ようやく満足のいく棚ができる毎日だったという。「誰かにほめてもらえるわけでもなく、賽《さい》の河原《かわら》の石を積むような作業。楽をすると販売数が減ってしまうので、必死です」と話していたのが印象的だった。

駅ナカという地の利を生かしているだけではなかった。思わず手にとってしまうような見せ方や意外な本との出合いを演出するなど、お客を驚かせたり、楽しませたりしながら、徹底的に棚を〝耕《たがや》している〟様が見てとれた。

結果、購入客数は一日に一〇〇〇人に達していた。月商は二〇〇〇万円台の後半にもなっていたという。一日に一〇〇万円近い売り上げだ。

書店の経営状況を見る指標のひとつに「坪単価」というのがある。一坪あたり、一日にいくらの売り上げになるかを数値化したものだ。全書店の平均はおおむね七〇〇〇円、客数の多い駅前書店なら一万円強というのが標準的な数字になる。一方、専門書を大量に並べる超大型店のなかには、五〇〇〇円に届かないところもある（出版業界の全盛期には全書店平均で一万円前後だった）。ところがこの書店の坪単価は、七万円にもなる〝超〟の付く繁盛店であった。坪効率では、全国の書店のなかでも最上位クラスだったに違いない。

こんな優良店でさえ、閉店してしまった。なぜなのか——。

直接には駅の改良工事のために撤退を余儀なくされたからのようだ。だが、それ以前に、新たにバイパス的な鉄道が敷設《ふせつ》され、一部の電車が駅を素通りするようになっていた。その結果、売り上げはもっともよかった時期の八割ほどに減っていた。

これほどの好立地だから、テナント代はかなりの額だったはず。二割も売上高が減れば、家賃の捻出《ねんしゅつ》も厳しくなっていたであろうことは想像に難《かた》くない。駅構内の店舗スペースがリニューアルされ、テナント代がアップすれば、なおさら書店の出番はなくなってしまう。

書店は、いわば立地で成り立つ商売だ。だが、立地がよければよいほど、家賃も高くなる。

いくら売れ行きが好調でも、書店の粗利益は二〇パーセント前後と、他の小売店と比較して格段に少ないから、売上高が多少でも変動すると、途端に家賃などの固定費が重くのしかかる。

書店の利益率の低さを知る貸し主ならば、人寄せを目的に家賃を下げることはよくあるものの、近年は集客につながらないと〝特別待遇〟をやめてしまうところが増えているようだ。あえて出店するとすれば、資金力のあるチェーン書店か鉄道会社の関連会社の書店しかない。

くだんの物件は、入れ替わりに大手チェーン書店の店舗が入ることになった。まさに、小さな書店が営業を続けることの困難さを象徴する出来事になってしまった。

もはや大型店も安泰ではない

比較的大きな書店でも状況は変わらない。

JR中央線の東京・荻窪《おぎくぼ》駅から徒歩二、三分のところに、ブックセンター荻窪があった。人通りが途切れることのない、北口ロータリーを目の前にした青梅《おうめ》街道沿いの路面店という絶好の立地だ。コミック売場が充実し、マニアックな作品が数多く並んでいた。新刊書や人文書も豊富にあり、サブカルチャー系の書籍にも強い印象だった。本屋らしい本屋といえばいいのだろうか。

だが、二〇一五年一月十二日に閉店し、名残《なごり》を惜しむお客の声が広がった。

ブックセンター荻窪の隣では、ブックオフが営業していた。新刊書と新古書という違いはあ

東西書店の店内にはお菓子も置いてあった。よく売れていたそうだ

れ、出版物を扱う店がまったくの隣どうしという、部外者の目には厳しい環境のように見えた。マスコミも競合関係に注目し、ニュースとして取り上げることも再三だった。

閉店時、店長だった外山隆光さん（その後、系列の東京・国立《くにたち》の東西書店で店長待遇として勤務）に閉店のいきさつを聞くと、意外な答えが返ってきた。

「ブックオフができて人の流れは変わりました。でも、共存していました。ブックオフがコミックのセールをやると、ブックオフの手提げ袋を持ったお客さまがたくさんやってきたり。向こうには、新刊がなく、既刊でも抜けているものがある。逆に、うちではコミックの売り上げが上がっていました」

　コミックの好調さから、ビデオレンタルをやめて売場を広げるなど、対応も怠《おこた》らなかった。荻窪界隈《かいわい》の書店では、コミックの売れ行きはダントツだったようだ。文芸書も対前年比では成長を続けていた。

　ではなぜ、閉店をせざるを得なかったのか。

「全体的に、売り上げが下がっていました。雑誌が毎年一〇パーセントぐらいずつ減少し、文庫の売れ行きも落ちていました。回復する見通しがあれば、思い切った投資もできるのでしょうが、見込みが立ちませんでした」

近隣では、新刊書店の入れ替わりが激しく、五年前、駅前のショッピングビル内にチェーン店が出店したときには厳しさが増した。三年前、駅を挟んだ反対側に、書籍の品揃えに定評がある書店が開店したのも影響した。ブックセンター荻窪の営業時間は朝十時から夜十一時だったが、競合店は朝九時から深夜一時という長時間営業。お客が流れていったのは明らかだった。ブックセンター荻窪は、会社の経営戦略として、いわば余力を残しての閉店だったようだ。跡地はいまコンビニエンスストアになっている。

外山さんの異動先であった東西書店も二〇一五年八月に閉店した。

取次最大手の日本出版販売で書店の経営診断などに携《たずさ》わっていた屋代武さんの著書『書店経営戦略NOW　激戦を生き残る道』（一九九六年、新文化通信社）では、書店廃業の理由を次のように整理していた。

1．売り上げ不振、2．経営不振、3．老齢・後継者なし、4．店舗移転・転業、5．競合店出店

「経営不振」は、売上高にさほどの変化がなくても、地代《ちだい》やテナント料の高騰《こうとう》、過剰な設備投資など経営上の問題を抱えての撤退だ。「売り上げ不振」は、説明するまでもない。後継者なし、転業、競合店の出店も、いま以上の売り上げが見込めず、書店業から撤退したということだろ

う。大括《おおくく》りでいえば、売り上げ不振の変形版だ。結局、廃業の理由は、売り上げ不振と経営不振のふたつに収斂《しゅうれん》する。

屋代さんはさらに、倒産・廃業の主要因のひとつに「経営環境の変化を読めない」ことを挙げていた。雑誌の総販売額は激減し、書籍の販売額も毎年減少を続ける。多くの書店は、前年並みの売り上げを維持するのが困難な状況だ。「経営環境の変化」に対応しようとすれば、従来型の書店に未来はないということになってしまうのだろうか……。

そもそも出版物は、他の商品とは異なる売り方がされている。

小売業では、販売価格から仕入れ原価を引いた粗利益率は四〇パーセント前後というのが一般的だ。パンや菓子の製造小売なら六〇パーセント以上、技術を売る眼鏡店なら七〇パーセント近くになる。ところが、書店の平均的な粗利益は二二パーセント前後に過ぎない。参入規制のあった酒販《しゅはん》店や米穀《べいこく》店、あるいは客数勝負のスーパーマーケット並みだ。

出版物の場合、そのほとんどは出版社が指定した価格（定価）で販売するという特殊な形態を採る。小売価格をメーカーが指示するのは再販売価格維持行為（再販行為）といい、本来は独占禁止法の禁じる不法行為のひとつである。けれども、出版物や新聞などの著作物は、独禁法の適用除外によって、メーカーが定価販売を望めば、問屋や小売店と価格維持契約を交わした上で、価格を拘束することが可能だ。店頭で売れ残った〝不良在庫〟を書店の一存で値引き処分するのは契約違反となる。出版業界では、このようなしくみを「再販制（再販制度）」と呼ぶ。

たとえば、定価一〇〇〇円の出版物なら、出版社が六九〇〜六八〇円で取次に出荷し、取次は八〇〜一〇〇円ほどのマージン（利ざや）を得て書店に七八〇円前後で卸《おろ》し、書店の取り分はほぼ二二〇円になる。例外はあるものの、基本的な取引条件はどこの書店もほぼ同じだ。書店の粗利益率が低いのは、こうした事情による。

しかし、小売店が定価販売を〝強制〟され、売れ残りリスクを一方的に負わされたのではたまったものではない。このような理不尽をなくすために、出版業界にはもうひとつ重要な制度が存在する。出版社が指示した価格で販売する代わりに、一定の条件を満たせば売れ残りを仕入れ時と同じ価格で取次や出版社に引き取ってもらえる「委託販売制」である。

再販制と委託販売制は、少ない利益率であっても書店が安心して商売が続けられ、売れ足の遅い専門書や高額書であっても少ないリスクで店頭に陳列できる、ある意味で合理的なしくみだ。反面、書店は量を売らなければ成り立たない、いわば薄利多売の商売にもなっていた。売れる時代は、それでよかったわけだ。

だが、売り上げが減ってそのサイクルが崩れると固定費の比率が高まり、経営は圧迫される一方となる。売り上げ不振と経営不振は、相互に連関しているといっていい。出版市場の急激な縮小は、書店業の根幹を揺るがす事態なのである。

書店の廃業を「（個々の書店が）経営環境の変化を読めない」がゆえと言い切るのはたやすい。だが、構造問題と言ってもいいのではないだろうか。

小書店を支える取次会社の危機

中堅取次の破綻

出版産業にかげりが見えているとはいえ、今日も数多くの書籍や雑誌が刊行され、全国津々浦々の書店にほぼ同時に並ぶ。発売日の決まっている万単位あるいはそれ以上の部数の雑誌と、大半が初版数千部の書籍、さらにお客が注文したたった一冊の本が混在しつつ、これらが一万店以上の書店に仕分けられ、配送されるという、緻密《ちみつ》かつ巨大な流通網が整備されているからだ。

その流通の要《かなめ》が出版社と書店を取り持つ出版物の問屋、取次である。

かつて七大取次という呼び方があった。日本出版販売（日販）、トーハン、大阪屋、栗田《くりた》出版販売、太洋社、中央社、日教販の七社を指した。日教販は教科書・辞書辞典・学習参考書などを主力にする専門取次で、ほかはオールマイティに出版物を扱う総合取次となる。一昔前は、取次一位の日販と取次二位のトーハンが日経ＭＪ（日経流通新聞）の「日本の卸売業」ランキングで、二位と四位を占めるという位置にいた。現在でも連結決算で売上高六二四四億円（二〇一七年三月期）の日販は一〇位前後になる。いわば知られざる巨大企業が出版業界内に存在しているのである。

ところが、この間、取次の大型倒産が相次いでいる。

二〇一五年六月には、当時取次四位の栗田出版販売が東京地裁に民事再生法の適用を申請。同翌年四月、取次三位の大阪屋と統合し、大阪屋栗田（OaK出版流通）として再出発した。同年二月五日には、この時点で取次七位だった太洋社が経営悪化を理由に自主廃業を取引先に通知した。しかし、有力な取引先であった中堅書店の芳林堂《ほうりんどう》書店が二月二十六日、自己破産を申請したことによって債権回収が困難となり、三月十五日、太洋社も東京地裁に破産を申し立て、即日破産手続きの開始となった。國弘晴睦社長名の「ご報告とお詫び」という文書には「もはや万策が尽きた」と綴《つづ》られていた。

栗田出版販売は大阪屋との統合で存続を果たし、書店はいままでの取引関係を維持できた。書店が連鎖倒産したという話は聞かない。

一方、太洋社倒産の影響は甚大なものとなった。自主廃業を通知した時点で約三〇〇法人八〇〇店舗の書店と取引していたと伝えられ、太洋社は取引書店に新たな取次を紹介するとしたものの、信用調査会社の発表や新聞報道では、倒産・廃業したと名前の挙がった書店は二〇店舗以上に達した。太洋社の事情に明るい出版業界関係者によると、一店舗で複数の取引口座を持っている書店もあったので、実際の取引書店は実店舗数で五〇〇前後だったらしい。このうち一〇〇店に近い廃業店が出ているのではないかとのことだった。太洋社との取引で辛うじて存続していた街の本屋が次々と姿を消す事態となってしまったのである。

店頭のポスターが告げた突然の閉店

太洋社が自主廃業を告知後、取引書店の危機が最初に顕在化したのは二〇一六年二月十日のことだ。つくば市で三店舗を展開していた友朋堂書店の従業員がツイッターでこうつぶやいた。

〈吾妻《あづま》店は2／12（金）を持ちまして店頭営業を終了いたします。2／11（木）が最終の営業日となります。お客様方にはご迷惑おかけします。桜店・梅園《うめぞの》店に関しては現時点では未定です。詳細がわかりましたらツイートいたします。永らくのご愛顧ありがとうございました〉

翌十一日の夕方には、残り二店舗の閉店も告げられた。

〈桜店・梅園店は明日2／12（金）までの営業となります。書籍の販売は2／12（金）が最終となります〉

たまたま二月十二日には東北出張を予定していた。友朋堂書店に立ち寄って最後を見届けなければと考え、途中、常磐道《じょうばんどう》を降りて三つの店舗を次々と回った。

最初に向かったのは桜店。単一のキャンパスとしては、日本で二番目に広い大学とされている筑波大学の正門前を通り過ぎてすぐのところにあった。三〇〇坪近いワンフロアの広々とした売り場だった。駐車場もだだっ広く、つくば市のスケールそのままの印象であった。

「お詫び」の紙が貼られた友朋堂書店桜店の雑誌棚

しかし、桜店には別の景色が広がっていた。入り口や店頭には〈今般の取次の廃業に伴い、営業を継続していくことが困難と相成り、2月12日（金）をもちまして、書籍・雑誌の販売を終了し、閉店させていただくことになりました。／まったく急な報告で申し訳ありません。何卒よろしくお願い申し上げます〉とワープロで書かれたポスターが掲示され、下のほうに手書きで〈長い間、本当にありがとうございました。友朋堂書店桜店〉という一文が添えられていた。お客が驚いたように、掲示を読んでいる姿もあった。

なかに入ると、雑誌売り場の棚には〈諸事情により本日発売の雑誌は入荷しておりません。大変申し訳ございません〉という手書きの紙が何枚も貼られ、ところどころにすき間が空いていた。書棚を見ると、高い位置の棚の一部にはすでに商品がなく、目線の高さの棚にも欠けが見られた。横置きのスチール台を外し、空っぽの棚もある。

奥に目を向けると、壁面に沿った五〇メートル近い書棚の列はまさに壮観。理工書や人文・社会科学書などの専門書がずらりと収まっていた。筑波大学の構内では大手書店の丸善書店が営業しているものの、桜店は大学にもっとも近い書店として学生向けの書籍を充実させ、加えて筑波研究学園都市で働く研究者や技術者などの〝インテリ層〟を顧客にしている様が窺《うかが》われた。閉店してしまうのが何とももったいないと思った。

店長に閉店のいきさつを尋ねると、「別の取次に引き継いでほしいとお願いしたものの話がまとまらず、やむなく閉店することになりました。教科書を扱っているので、店を閉めた後も、引き続き外商は続けます」とのこと。店内の写真を撮らせてほしいと頼むと、「棚がすかすかになってしまって恥ずかしいのですが」とためらいがちだったものの、許可してもらった。

壮観な壁面書棚のところどころに空きが見える

前日閉店した、本店にあたる吾妻店にも向かった。半開きになったシャッターをくぐってなかの店員に声をかけ、自動ドアを手動で開けてもらった。店内では、段ボールの束がところどころに置かれ、返品作業がはじまっていた。

一九八〇年に創業した友朋堂書店の最初の店舗だったという吾妻店は、棚が林立して書棚も焦げ茶色と、店全体がちょっとくすんだ感じの、それでいて

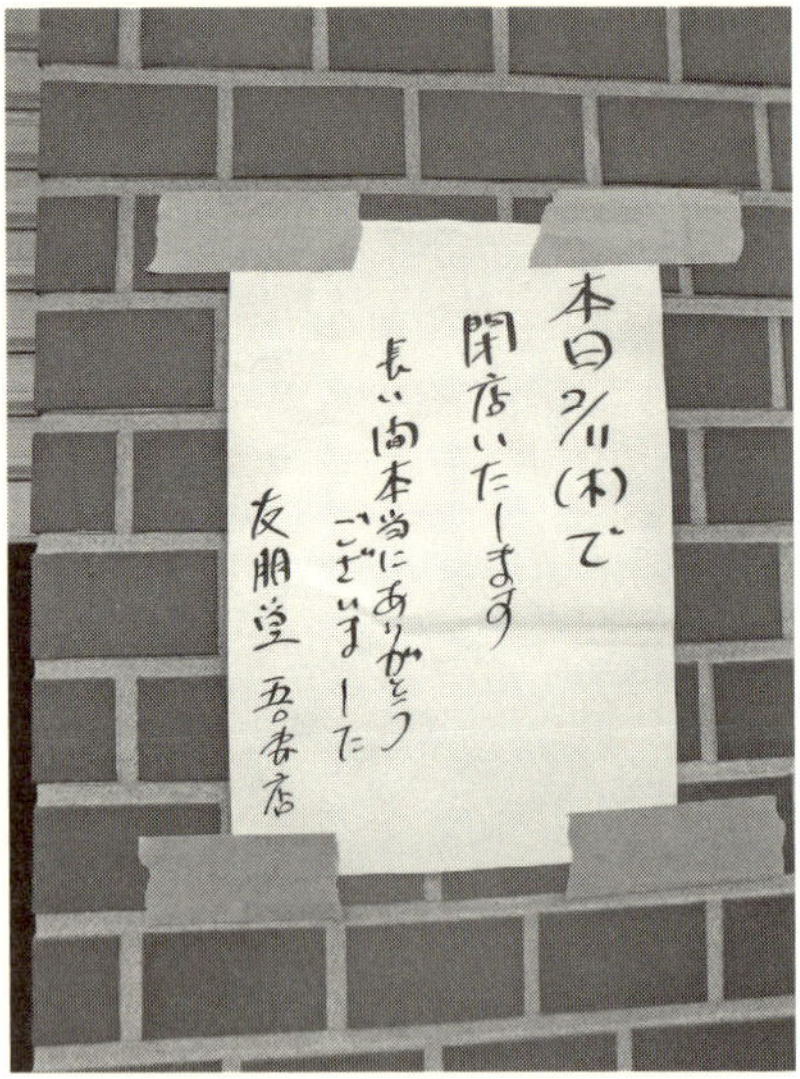

閉店を告げる吾妻店の貼り紙

味のある雰囲気を醸《かも》していた。こちらも重厚長大型のタイトルが充実していた。郷土本が大量にあったのも目を惹《ひ》いた。

ツイッターで閉店を知らせた社員に、四〇年近く前の開店当時の話を聞くと、まわりには草地が広がり、夜はこの店だけが灯りをともしていたという。雨が降ると道路がぬかるみ、歩くのも大変だったとか。創業者はつくば市でも指折りの地主で、各店舗とも駐車場を広く取っているのは広範囲からやってくるお客のためだったのだそうだ。

店の外では、何も知らずにやってきた人や何ごとがあったのかと覗《のぞ》きに来た人が告知文に見入っていた。声をかけた男女八人全員が閉店を「知らなかった」「いま知った」と口々に言う。五十代の男性会社員は「以前はよく来ていたが、最近はフラリと立ち寄る程度になっていた。つくば市では、中核的な書店。ここでしか買えない本もあった。閉店は残念。あまり本を買わなくなっていた後ろめたさを感じます」と語っていた。

梅園店を含めて三店を急ぎ足で回った。徐々に利用者が減っていたのだろうが、地元の人々に愛されていた書店であったことがわかった。ときどき営業に出向いていた版元関係者は「よく売れていたお店でした。大地主とあってか、おおらかなお店だったという印象もあります」と語る。その鷹揚《おうよう》さが逆にあだとなったのだろうか。

あらためて店主に話を聞こうとしたものの、「いまはどん底なので……。しばらく時間が欲しい」とのことだった。逆境に負けず、ぜひとも店舗を復活してほしいと願った。

熾烈な「帳合変更合戦」

太洋社の倒産の余波で廃業した東京近郊の書店にも連絡を取り、取材を依頼した。しかし、一様に口が重かった。

ある書店主は「太洋社の倒産が急だったので……。太洋社は、ほかの取次を紹介すると言ってくれたのですが、もう若くはないので、この際やめようと、閉店を決めました。何ごともなければもう少し書店を続けたかった。駅前だったので、立地はよかったんですけど」と言う。

私鉄の小さな駅を降りて徒歩数分。間口《まぐち》二間《にけん》ほどの典型的な街の本屋だった。駅前には大手チェーンのスーパーが営業し、ほどほどの人通り。絶好の立地とはいえないまでも、書店が成り立ち得る環境のように見えた。ただ、近所に同規模の書店があり、線路を越えた駅すぐのところでは、比較的大きめの書店が営業していた。街の規模からすると、熾烈《しれつ》な競合関係にあったのかもしれない。

続けて店主はこう言った。

「二週間がかりで返品をしたのですが、清算はどうなるんでしょうか。太洋社に預けていた担保も返ってくれればいいんですけど」

破産では、一般に一割の配当があればいいところ。多くは望めそうにない。担保とは、支払いが滞《とどこお》ったときに穴埋めするため取次に預けた取引信認金（保証金）のことだ。通例、信認金は月商の二カ月分か三カ月分となる。別の取次と新規取引するとすれば、太洋社の信認金が宙に浮いたまま、新たに用立てなければならなかっただろう。ちなみに、栗田出版販売が書店から預かっていた信認金は、そのまま新会社に引き継がれたそうだ。

首都圏のある書店は、太洋社が自主廃業を通知したとき、覚悟を決め、店を閉じることにした。破産前に手続きが終われば、保証金を含め数百万円が戻ってきたはずだった。しかし、太洋社の「事務局がまともに機能していなかった」のと、自らの対応も後手に回ったため、事実上、焦げ付いてしまった。

この書店は前年、太洋社から「経営改善指導」を受けていたという。「あのときは覚悟を決められなかった」と店主は悔やんだ。

店はターミナル駅からバスで十数分のところにある。小さな商店街は、シャッターを閉めたままの店舗が目立った。近くに小学校があるものの、放課後なのに子どもの姿は見かけない。人通りも少なかった。これでは経営環境はかなり厳しかっただろうと、想像した。

出版関係者のひとりは、太洋社の自己破産の理由をこう見る。

「業界全体が落ち込み、その波を受けたのは確か。しかし、それ以上に、大手取次の攻勢による帳合《ちょうあい》変更合戦に巻き込まれ、取引書店が減っていったことが大きかった」

「帳合」とは、取引を意味する業界用語である。帳合変更とは、取引取次を変更するという意味だ。太洋社は、大手取次の草刈り場となり、規模の大きい有力書店が次々と別の取次に移っていった。

さらに、太洋社は二〇一一年、長期ビジョンとして「脱書店・脱活字出版物・脱日本」というスローガンを掲げ、説明不足のまま「脱書店」という言葉が取引先の不興《ふきょう》を買ってしまった影響もあったようだ。

書店の取引状況を調査しているアルメディアのまとめでは、二〇〇五年に五七九店、二〇一〇年に五二一店あった太洋社の取引書店が二〇一五年には三八二店に減少。売上高は二〇〇五年に過去最高の四八六億円に達したものの、二〇一〇年の四〇〇億円を経て、二〇一五年には一七一億円に激減していた。取引書店数の減り方以上に売り上げの落ち込みが激しいのは、大手書店が軒並み離れていったからだ。

では、取引を継続し、廃業を余儀なくされた店は、どのような状況だったのか。業界関係者はこう見る。

「街場の本屋は雑誌が主力。要は雑誌が売れていなかったということです。書籍も売れないまま在庫を抱え込んでいたり、売れ筋を見極められなかったり。昔は並べておけば売れていったのですが、いまや送られてくる新刊ばかりでなく、自分で売りたい本を考えたりしなければならなくなった。昔のままの体質から抜けきれなかったのかもしれない」

それとともに、家族経営のいわゆる生業店《せいぎょうてん》では高齢化が進み、後継者難にも苦しんでいた。これらが複合して、見切りをつけたり、泣く泣く撤退を決めたということのようだ。

「ただ、太洋社は書店の面倒見はよかったようです。この本が欲しいといわれれば探し回り、細々とした頼まれ事を聞いていた。業界内では『お金にならないことをよくやるなあ』という声もありました」

栗田出版販売が倒産したとき、総合取次の売上高を取引書店数で割って一店舗あたりの売上高を計算したら、いったいいくらになるのだろうかと考えた。ネット書店や外商専業店があるものの、取次各社の一五年の決算/取引書店数=一店舗あたりの売上高と見なした、その結果がこれだった(書店数はアルメディア調べ。一五年五月一日現在)。

日本出版販売：六六一〇億円/四三一五店=一億五三一九万円
トーハン：四九五一億円/四八四五店=一億二一九万円
大阪屋：六八一億円/六九八店=九七五六万円
栗田出版販売：三二九億円/六三八店=五一五七万円
中央社：二三五億円/四〇五店=五八〇二万円
太洋社：一七一億円/三八二店=四四七六万円

売上高上位三社は、一億円弱から一億五〇〇〇万円となり、四位以下は五〇〇〇万円前後にとどまる。二倍から三倍の格差だ。しかも太洋社は四〇〇〇万円台と、総合取次のなかでももっとも一店舗あたりの売上高が少なかった。

年商四四七六万円というのは、他業種の街の商店であればかなり優秀といえるかもしれない。しかし書店であれば、かなり厳しい。月商にすると三七〇万円ほど。マージンが二〇パーセントとすると、粗利益は七〇万円強。人件費に割けるのがこの半分とすれば、平均的なサラリーマン一人の収入にも満たない。

出版産業がまだ右肩上がりの時代だった二十数年前、大手取次の幹部が「月商三〇〇万円以下の書店はなくなってもけっこう」と発言する〝事件〟があった。手間ばかりがかかって儲からないという取次の本音に、日本書店商業組合連合会が猛反発したものである。太洋社取引店の平均月商が三〇〇万円半ばだったとすれば、三〇〇万円以下の書店はかなりの割合だっただろう。破産した太洋社を筆頭に、大阪屋に事実上吸収された栗田出版販売も含めて、大手取次が相手にしない、あるいはしたくない、小商《こあきな》いの書店を下位取次が〝守ってきた〟とも言えるわけだ。

街の本屋の危機は、中堅・小規模取次の危機でもあった。

揺らぐビジネスモデル

書店を取り巻く環境の変化

東京・池袋駅から西武池袋線で二駅先、東長崎駅北口を出てすぐのところにあるビルのテナントとして、四季書房は営業していた。売場は三〇坪ほど。雑誌・コミックを主力にしつつ、文庫や家庭書、児童書などを取りそろえた、ごくふつうの街の本屋だった。それでも、取引条件のきつさから小さな店ではなかなか扱いづらい、岩波文庫や岩波新書も置くようにしていた。

最盛期には数人の社員と多くのパート・アルバイトを抱え、年商一億六〇〇〇万円に達していた。取引先の信頼も厚く、河出書房新社や小学館、集英社などの大手・中堅出版社、そして商品の仕入先である取次の日本出版販売の新入社員らが書店の実務を経験する研修の場にもなっていた。入社したばかりのころ、四季書房で研修を受けたことのある某出版社の営業幹部から五、六年前、「本屋らしい本屋。うちもいっぱい売ってもらいました」と、取材を勧められていた。ようやく訪問したのは二〇一五年のことだった。

社長の澁谷眞さん（五十九歳）は、最盛期のころをこう振り返る。
「新刊が豊富に入荷するわけでも、ベストセラーがあるわけでもなく、どこにでもあるような〝金太郎飴書店〟でした。それでも、雑誌とコミックがよく売れ、売り上げの七割を占めていました。多いときは取次から一日に八〇箱の商品が届くほど。本屋の業界は、世間の景気の波とずれていて、バブル崩壊後も売れ行きはそんなにひどくはなかったのです」

だが、出版業界全体の書籍・雑誌の総販売額は一九九六年をピークに下降に転じた。四季書房も二〇〇〇年代に入ると、風向きが変わった。西武線で一本の池袋には、超大型店のジュンク堂が出店した。二〇〇七年には東長崎駅が建て替えられて人の流れが分散し、駅の反対側にチェーン書店の支店が開店したのが、ボディーブローのように効いた。

さらに、市場の変化によって雑誌の売れ行きが激減し、一日に届く商品は二〇箱で足りるようになる。売れ残りを取次に引き取ってもらう割合（返品率）は四〇パーセント近くに達した。店に届いた書籍・雑誌の多くが読者に渡らないまま、取次や出版社に戻され、雑誌の大部分は取次が紙とホチキスの針、プラスチックなどに解体・分別後、製紙工場に送られ、古紙として処分されてしまうということだ。

四季書房の年間売上高は、往時の四分の一の四〇〇〇万円にまで落ち込んでいた。
「毎月二十三日は女性誌が大量に入荷し、次々と売れました。女子高生もよくファッション誌を立ち読みしていました。でも、そんなことは全然なくなった。スポンサーに気に入られようとしているのか、どの雑誌を見ても同じような洋服の記事ばかり。付録付き雑誌が増えたもののの、かさばり、陳列に困るようになった。読者が離れ、とにかく雑誌が読まれなくなったのです」

その上、こんな出来事もあった。

「いま中学生の娘が小学生だったとき、読書感想文の宿題が出ました。先生は『この本は（新古書店の）ブックオフにありますからね』と、話したというのです。これでは、新刊を扱っている本屋に子どもたちがやってこなくなりますよね」

やむなくパート・アルバイトを減らし、最後は澁谷さんと社員一人で切り盛りするようになる。澁谷さんの妻が手伝いに入ったものの、タダ働きだ。女性誌の発売日の忙しさを知る、元アルバイトが「手伝いましょうか」と連絡をくれても、彼らに頼むほどの仕事量ではなかった。

とはいえ、家賃などの固定費は減らせない。限界は近づいていた。

「毎月、取次に代金を支払う十五日が近づく十日ごろから、胃が痛くなって……。売り上げが足りない、支払いはどうしよう、誰かから借りなければと、そんなことばかり考えていました」

澁谷さんは、ついに閉店を決意する。二〇一三年六月のことだ。

外商に活路を見いだす

銀行員だった澁谷さんの父親が一九七一年、池袋にあった書店を引き継いでほしいと取引先から請《こ》われ、書店経営に参入し、その後、東長崎に四季書房を開業した。父の仕事ぶりを見てきた澁谷さんも本屋をやりたいと考え、名古屋の老舗書店、ちくさ正文館で修業を積み、一九八一年、二十六歳で四季書房に入社した。それから三二年が経っていた。

だが、店舗を閉じても、書店業は続けることにした。外商専業として、だ。

「以前から近所の美容院や銀行に声をかけて、雑誌の配達をしていました。毎号購読するのがたいへんなのか、月刊誌を二カ月に一回届けてほしいとか、週刊誌を奇数月の一週目の号だけ届けてほしいといった要望にも応えていました。そんなこともあり、完全に書店から足を洗うつもりはなかったのです。午前中は配達をして、午後は違うことをしようかなと思いました。ほとんどの書店は完全に閉店してしまうので、私のようなのは珍しいケースだったかもしれない。古いつきあいなので、取次もそれでいいと言ってくれました」

いまも「四季書房」の看板が残る、旧店舗跡

　かつて取次は、書店の大型化の進行とともに、極端に売上高の少ない小口取引を厭《いと》う雰囲気があった。だが、そうも言っていられない時代になっていたようだ。

　四季書房では、自社のサイトに「店舗経営などでお時間の無い方、お年寄りの方、お体の不自由な方、なんらかの事情があって、お店まで来られないお客さまに、店員がおうちまで配達いたします」と書いたり、近所に配達を請け負うというチラシをまいたりして、新規の顧客も付いていた。宣伝の結果、毎月三〇万円分の雑誌を買ってくれる業者も現れた。澁谷さんは、これら固定客のために外商を続けることにしたのである。

配達一本になってからは、近隣の江古田《えごた》や上池袋の書店が閉店する際、「お客を引き継いでほしい」と頼まれ、取引先が増えることになる。皮肉なことではあるものの、つきあいのあった近所の書店の苦境が四季書房を助けたかっこうだ。現在は、以前からの顧客のほか、個人宅や美容院、理容店、歯科医院、区役所、出会い喫茶などにまで配達先が増えている。

「昨年（二〇一四年）八月の決算で年商は一二〇〇万円でした。従事しているのは私ひとり。バイクで配達に回っています。自宅を倉庫にしているので固定費はそれほどかかりません。ほとんどが定期購読なので返品率は一〇パーセントほど。売り上げは少なくても、支払日の前に胃がきりきりするようなことはなくなりました」

一般的な書店の返品率は四〇パーセントを超えているので、一〇パーセントというのはかなりの好成績である。一方、書店の粗利益率は平均で二二パーセント足らずだから、四季書房のいまの売り上げでは、粗利は年に二〇〇万円台にしかならない。ここから諸経費を差し引けば、残るのは微々《びび》たる額だろう。澁谷さんの妻がパートに出て何とか凌《しの》いでいるそうだ。

不特定多数のお客と決まったお客を相手にするのとでは、おのずと売り方が異なる。それでも、創意工夫を凝《こ》らしているという。

「限られたお客さまとしか接していないものの、そのお客さまの趣味・嗜好がわかるので本を勧めやすい。配達先に出版社のカタログを持っていき、その本を買っていただいたら、その流れで別の本を三冊、五冊と続けてお求めいただくこともあります。たとえば地図の好きなお客さまなら、河出書房新社の『図説　伊能忠敬《いのうただたか》の地図をよむ』から入り、ほかの伊能忠敬の本に広がって『第2次世界大戦　作戦マップ』に移るというような読み方です。高齢のお客さまは、本を読みたいけれども、大型店のある池袋に出かけるのはたいへん。パソコンはできないのでネット書店も使えない。そんな方々とフェイスツーフェイス(対面型)の関係をつくっています」

四季書房社長の澁谷眞さん。現在は外商専業として書店業を続けている

とはいえ、澁谷さんは、店舗があった時代を懐かしむ。

「日常的には、注文を受けた本や雑誌を送り届けるだけのデリバリー業者のようなものです。取次から来たものに伝票を挟んで、お客さまに届ければ終わり。店舗があれば棚の配置とか、展示の仕方とか、本に触りながら売り方の工夫ができた。いまはそれができない。ちゃんとお客さまがいて売れさえすれば、店をやっているほうが楽しいですよ」

書店業への愛着

環境悪化のなか、意外な方法で営業を続けている書店もある。

埼玉県行田市《ぎょうだ》の中心部、街を縦断する国道一二五号線沿いで営業する忍《おし》書房だ。周囲には、豊臣秀吉の命令一下、石田三成軍の水攻め攻撃に遭いつつも、〝でくのぼう〟と揶揄《やゆ》された城代・成田長親《ながちか》が守り抜いた忍城の跡があり、市役所や県の出先機関などの公共施設も連なる、恵まれた立地にある。

だが、地方都市の例に漏れず、通りにはシャッターを閉じたままの店が居並ぶ。訪問したとき、忍書房の脇は、建物が取り壊され、雑草の生えたままの空き地になっていた。

忍書房の店主は、大井達夫さん（五十六歳）。旧知の大井さんが書店業に勤《いそ》しんでいると聞き、以前、何度か店を訪ねていた。二〇一五年夏、再び覗いてみることにした。

実は、大井さんの名刺には「休日店長」と刷られている。この肩書には、事情があった。

戦前、出版社の編集者で理論右翼の大物・保田與重郎《やすだよじゅうろう》の弟子でもあった大井さんの父親が戦後、シベリア抑留《よくりゅう》から戻り、曲折《きょくせつ》の末、行田で書店を立ち上げた。一九四九年のことだ。徐々に発展し、四坪だった売り場は移転を経て二二坪になる。大井さんが子どものころには「けっこうな利益の出る書店になっていた」そうだ。

大井さんは東京の出版社に就職し、店は父母が支えていた。しかし、父親は二〇〇二年に死去。家業に勤しむ母親を手伝うために、会社が休みの日には実家に帰るようになった。二〇〇四年には、その母親も亡くなってしまう。

母親の葬儀を終え、書店の営業を続けるかどうか姉の誉子さん（五十八歳）や親族らと会議を持った。中小企業診断士の資格を持つ義弟に決算書を見せたら、「絶対やめたほうがいい」と言われることになる。父母は軍人恩給や年金をつぎ込んで、ようやく書店を成り立たせていた。

大井さんは、「自分も出版業界の一員という自覚」から閉店を決断できなかった。新たに書店をはじめたらどのぐらいの手間とお金がかかるのだろう、このまま書店を引き継ぐならそういった労力は考えなくて済むのではないか、とも考えた。「幸か不幸か、ぼくは本屋がやりたかったのだ」と、大井さんはそのときの気持ちを振り返る。

近隣にあったチェーン書店が撤退することになったとき、地元の商工会議所の有志がお金を出し合って、フランチャイズ店として存続させるという出来事があった。父親は亡くなる前、「『この街には、駐車場付きの本屋が必要なんだ。お前の店でつくれ』と言われればつくった。書店をやっていたのに、声もかけられず、お前は目端《めはし》の利かないヤツだと言われているような気がする」とこぼしていたという。街の書店に対する地域の眼差《まなざ》しにわだかまりを覚えていたことも、大井さんが書店を続ける原動力になった。

平日は姉の誉子さんが店頭に立ち、並行して外商を続けることにした。大井さんは、平日は

忍書房の「休日店長」大井達夫さん（手前）と、平日に店頭に立つ姉の誉子さん

サラリーマン、土日は書店主という二足のわらじを履《は》くことになる。会社には、公《おおやけ》には話していないものの、それとなくいきさつは伝わっているようだ。

店を引き継いだときの年商は一五〇〇万円ほど。一〇余年を経て、さらに落ち込んでしまった。売り上げだけでは姉の賃金をまかなうことができず、大井さんの給料から補塡《ほてん》しているという。店舗と地続きの、テナントとして貸していた建物が東日本大震災で崩れるという災難にも見舞われた。だが、これを奇貨《きか》として一時、一五坪に減らしていた売り場を広げ、二五坪ほどにした。原資はもちろん大井さんの貯《たくわ》えだ。

「ほんとうは、二階建てにしてギャラリーもつくりたかったんです。そこまでの資金はありませんでしたが」と、大井さんは陽気に笑う。

増床した売り場の片隅には、忍城の戦いを描き、累計二〇〇万部に達したベストセラー小説『のぼうの城』（小学館）の著者、和田竜《りょう》の色紙が控えめに飾られていた。大井さん自慢の棚もある。他の書店では見かけないような『虫の味』（八坂書房）、『寄生蟲《きせいちゅう》図鑑』（飛鳥新社）といった本が並んでいた。

「いまはお金のかかる趣味のようなものです。もう少ししたら会社も定年。そしたら、さっさと行田に戻って書店専業になります。これ以上、本屋は儲からないと思う。やればやるほど矛盾を感じます。でも、ぼくがこうして本屋を続けていることを伝え聞いて、じゃあオレもおじさんの店を継いでみるかと思う人が出てきたら嬉しい。儲からないけど食っていける、そんな本屋さんが楽しんでつくった棚が日本中にたくさんできたならいいなと思います」

大井さんは、こんなふうに書店業の展望を語る。

書店業への愛着を持ちつつ、それぞれに事情を抱え、やむなく店を閉じ、また、かろうじて存続させているのが、いまの街の書店なのである。

〝意地〟で堪えぬいた大型店の攻勢

共存共栄から競争へ

数年前、東京・東村山市の西武新宿線久米川《くめがわ》駅近くを通り過ぎたとき、駅前にある丸山書房の店内から漏れる灯りが目に入った。時間の余裕がなく、店に寄ることはできなかったが、「あぁ、持ちこたえられたのだなぁ。ほんとうによかった」と思わずにはいられなかった。

東京都下の郊外とはいえ、久米川駅周辺は小さな地方都市並みに賑《にぎ》わう。丸山書房は、その久米川駅南口の改札を出てすぐ、駅前のロータリーに面したビルの一階にある、典型的な駅前書店だ。

二〇年ほど前、その丸山書房を訪ねたことがあった。店の目と鼻の先、直線距離にすれば二〇メートルもない、駅に隣接するビルに突如、大型書店が出店した。当時でも大型店が開店して既存書店が苦境に陥《おちい》るというのはよくある話ではあった。だが、競合店の取引する取次は丸山書房と同じ。同一の取引取次の書店が近所に出店することは、商道徳的にはあまり考えられない。たとえてみれば、既存のコンビニのすぐ横に、オーナーの異なる同じ系列のコンビニが出店してきたようなものだ。事の次第を聞こうと、店主の丸山敬生さん（六十七歳）に会いに行ったという経緯であった。

当時、丸山書房の売り場面積は二五坪、競合店は百数十坪。五〜六倍にもなる広さの書店が出現した影響で、丸山書房は売上高を四割以上減らしていた。

競合店を覗いてみると、オールマイティの品揃えで商品は豊富にあり、人が入って繁盛しているようだった。ただ、業界内ではよく知られた、東京区部にあるこの書店の本店と比べると、これといった特徴のないふつうの書店に見えた。フロアが一階と二階に分かれ、二階が多少閑散としていたのも記憶に残る。

まだ四十代だった丸山さんは当時、「営業時間を延ばして、閉店時刻は午後九時半だったのを十一時にしました。でも向こうは十二時まで。うちが対抗したところで、客は来ない。もともと安いバイト料しか払えていないけれど、これ以上、人件費をかけられないので、私がレジに立つしかありません。競争心は人一倍強いから、意地でも生き残るために、商品構成の見直しをしているところです」と語っていた。

ところが、気がつけば競合店のあった場所は、ドラッグストアに代わっていた。撤退したのは二〇〇二年。取次の出店政策に「悔しい思い」をしつつ、堪《た》えに堪えた丸山さんの〝意地〟が勝ったわけだ。

そこにはどんなドラマがあったのか。二〇一五年の初秋、丸山さんのもとを訪ねた。

典型的な駅前書店である丸山書房の外観

丸山書房の創業は、一九六五年にさかのぼる。先代が定年退職後に書店をはじめようと駅前に確保していた土地にビルを建てて開業した。それを引き継いだのが、一九八四年に婿養子に入った現店長の丸山さんだ。結婚前は大手書店に勤務し、いずれ書店を開きたいと思っていたときにやってきた縁談だった。以来、丸山さんが店を切り盛りすることになる。

このころ久米川駅周辺には、丸山書房のほか四軒の書店が営業していた。少し離れたところにあった二軒を加えると、七軒がひしめきあっていた。たった数十メートルの間に、並ぶように営業している一画もあった。互いにしのぎを削《けず》る書店の様子を、NHKが「久米川書店戦争」と呼んでニュースにしたことがあると、丸山さんは振り返る。

だが、激しい〝戦争〟状態だったかというと、そうでもなかった。「小さな書店が競合していても、お客さまはいくつかの本屋を回遊して使い分けていました。みんな商売になっていたんですよ」と丸山さんは言う。それぞれに得意分野があり、共存共栄していたわけだ。

持ち物件という強みも

ところが、徐々にパイが小さくなり、駅に近かった丸山書房だけが生き残ることになる。丸山さんが経営に携わってからしばらく経ったころ、西武新宿線沿線にある書店の「坪単価」を調べた人がいたそうだ。一位の書店は四万円弱、二位は丸山書房の三万数千円だったという。前述した駅構内の書店（二五ページ）ほどではないが、当時でも驚異的な坪効率だ。売り場面積二五坪だった時代には、年商二億円以上になっていた。

とはいえ、〝平和〟は長くは続かなかった。大型店の出店で売上高は急減。それでも「丸山さんのところで買ってあげるよ」「向こうにはあったけど、こっちで注文するよ」と、励ましてくれる常連客がいた。営業時間を延ばしたときには、ベテラン店員の献身的な働きに助けられた。四割減を底に、ほんの少し盛り返すことができた。

「でも、決定的なことはなかったんです。結局、うちの場合、自分の土地・建物だったから頑張れただけですよ」と丸山さんは飄々《ひょうひょう》と語る。

自己物件だからこそ、丸山書房は持ちこたえられたのは確かなこと。同じ場所で営々《えいえい》と書店を続けてきたことも大きいだろう。

だが、店舗を所有していなかったら、どうなっていたかはわからない。いや、逆に自己物件だからこそ、早々に撤退する書店さえある。旧知のある書店主は、近所の本屋が廃業したあと、その一家は悠々自適《ゆうゆうじてき》の生活を送っていると漏らしたことがあった。

「書店を閉じたあと、別のお店に店舗を貸したら、書店で得ていた利益よりも家賃収入のほうが多くなったというのです。私たちの仕事はなんなのだろうかと、矛盾を感じました……」と。

その廃業した書店を私もときどき利用していた。店主も二代目も、いつも険《けわ》しい顔をしていたのが印象に残る。店を閉じたあと、二代目が幼い子どもとともに、朗《ほが》らかに商店街を散歩している姿を見て、複雑な感情に襲われたものだった。

もちろん丸山書房はそんな道は選ばなかった。この間、店舗をリニューアルして三三坪に増床した。現在は一億五〇〇〇万円ほどの売り上げになるという。大型店の撤退によって、減っていた売り上げのうち二割が戻ってきたかっこうだ。坪単価は一万円以上を維持する。ここ数年は横ばい状態が続くものの、配達はごくわずか、図書館や学校などとの取引はなく、ほぼ店売りだけでこの数字だ。平均的な街の本屋と比較すればかなりの業績となった。

同時に、環境の変化に合わせた棚づくりにも取り組んできた。

「街には子どもが少なくなり、高齢化していった。いまは取次との関係も良好で、担当者と相談しながら品揃えを決めています。似たような立地や規模の書店のランキングなどを参考にしながら、うちの店の特徴を勘案《かんあん》して、高齢者向けの本を充実させました。曽野綾子さんや五木寛之さん、鎌田實《みのる》さんのエッセイやノンフィクションなどがよく売れています。私も歳をとって、時代小説好きになり、その好みに合わせて棚をつくっています。チャンバラものならだいたいわかりますよ」

丸山書房の店内。棚づくりに工夫が凝らされている

文庫の棚四本に時代小説が並び、新刊の文庫も時代小説を重点にする。かなりの充実度だ。

もちろんベストセラーもきっちり置く。芥川賞を受賞し、発行部数二〇〇万部を超えた『火花』（文藝春秋、又吉直樹著）も、累計三〇〇部販売した。

ただ、大手書店優先の配本なのか、街の本屋の需要をまかないきれず、断続的に品切れ状態になっている書店もけっこうあるやに聞く。丸山書房でも一時品切れになってしまった。潤沢《じゅんたく》に商品があれば、もっと売れているはずと、丸山さんは少々不満顔だった。

現下の売れ筋は『あん』（ポプラ社、ドリアン助川著）。ハンセン病をテーマに、東村山市にある国立療養所多磨全生園《たまぜんしょうえん》に暮らす療養者と地域の人々との交流を描いた小説だ。

丸山さんはたまたま久米川駅周辺で映画のロケをしていることに気がつく。映画「あん」の撮影だった。

「本を読んだら素晴らしい内容でね。すぐポプラ社に連絡しました」

映画の公開は二〇一五年五月。積極的に販売したところ、単行本版、文庫版あわせて累計五〇〇部以上販売した。ドリアン助川さんからお礼に訪れたいと連絡があり、「少し時間があるのでサイン会もやりましょうか」との提案を受けた。三〇人も入ればいっぱいになりそうな二階のホールを会場にしたところ、お客があふれるほどの盛大な催《もよお》しになった。

同年九月には、市役所や教育委員会などの後援を取りつけ、丸山書房が事務局となってドリアンさんの朗読会も開催した。チケットは、早々に完売となる人気だったという。

身の丈に合った変化で生き残る

余談ながら、東京都内にあった重厚な外観で店内もクラシックさが漂う老舗書店が、駅前の再開発によって、新たに建てられたビルに地主として入居した。いまふうの近代的店舗になっ

丸山書房店主の丸山敬生さん

たものの、ほどなく閉店し、代わりに大手書店チェーンが居抜きで入った。歴史ある書店だったにもかかわらず、不動産業に転身したかっこうだ。環境が変わり、戦略なく流れのまま店の雰囲気をがらりと変えたために、常連客も離れてしまったのではないだろうか。

　丸山書房は、地域の動きに対応し、身の丈に合った変化によって生き残ったといえそうだ。

「本屋は楽しいですよ。店の本をいじくって、その本を買ってもらうと、やっぱりこの本は間違いがなかったんだと思ったり。自分の仕入れた本で満足してくださるお客さまがいるのは嬉しいですね。ときには、『おたくがなかったら、本を読む楽しさがわからなかった』と言ってもらえたり、パソコンで出力したリストを持ってきて何万円分も買ってくださる方が何人かいたり。一所懸命、棚を見ながら本を探しているお客さまもいます。雑誌の売れ行きは落ち込んでいますが、こんなに読書を楽しんでいる人がいるのだなあと思うと、本屋をやっていてほんとうによかったと思います」

　丸山さんは、欲しい本がなかったら「声をかけてほしい」とも言う。

「どんな本を探しているのか、お客さまに教えてもらえればいっしょに探すことができます。ひとりから聞かれれば、あと五、六人は同じ本を求めている可能性がある。その周辺の本を置くこともできます。自分で棚を自由につくれるのが、本屋のいいところなんですよ」

一見なんの変哲もない街の本屋であっても、さまざまな工夫を凝らしている。丸山さんの話に、身近な街の本屋を徹底的に活用するヒントが多々あった。本の購入がネットで完結するだけでは楽しくない。近所の書店に足を延ばせば、必ずや何がしかの〝発見〟があるはずだという思いを新たにした。

第2章

地域と書店

「やま読」——図書館と書店をつなぐ試み

山梨のユニークな読書推進活動

山梨県では、県立図書館と県社会教育課（教育委員会）、それに地元書店が手を携《たずさ》えた「やまなし読書活動促進事業（やま読）」という名の読書活動が取り組まれている。国立国会図書館のOBで、『ナポレオン狂』『新トロイア物語』などの作品で知られる作家の阿刀田高《あとうだたかし》さんが二〇一二年十一月、県立図書館の移転オープンとともに、当時の県知事の要請で図書館長に迎えられたのがきっかけだ。

阿刀田さんは館長就任後、「書店と連携したい」と公言し、書店の有志も呼応《こおう》。行政として取り組みづらい事業活動を展開するために、やま読の「実行委員会」を立ち上げることになる。翌年には地元書店だけでなく出版社や取次《とりつぎ》（本の問屋）も加わった。実行委員会は、ブックフェアの開催や作家との交流の場を設《もう》け、二〇一六年には図書館や書店を回る「やま読スタンプラリー」を八月三十一日まで繰り広げた。図書館を利用したり、書店で本を購入したりすると専用の台紙にスタンプを押し、スタンプが四つ溜まると、山梨県出身の作家らのメッセージ入りしおりをプレゼントするという企画だ。県内一八書店二八店舗が参加し、県立図書館と合わせて四万枚の台紙を配布したという。

2012年に新築移転した山梨県立図書館

書店と図書館は、商売上、出版物の納入などで緊密な関係にある。だが、出版業界の一部には、図書館の貸出冊数の急増が出版物の売り上げ減少の元凶だと見なす向きがあり、なかなか平場《ひらば》の関係を築きにくくなっているのが実情だ。読書推進活動に熱心な地域は数多《あまた》あるものの、収益事業に手を貸すとして、自治体が書店などの事業者との連携に及び腰になっている面もある。

ではいったいなぜ、山梨県では図書館と行政、書店の連携が取れたのか、そしていったいどんな成果を上げているのか——。街の本屋の〝回生〟のヒントを摑もうと、話を聞きに行った。

山梨県立図書館の阿刀田さんは、館長就任一年後にこんな発言をしていた。〈図書館利用の根本的な背景として、読書を盛んにする、本を買って読むということを盛んにしなければいけない。本屋は地域の文化機関であり、それが崩壊しつつあるのは問題。今、本屋で買える本は買って読んでください、というのが私の基本的な考え。本というのは買うこと自体が大切な行動であって、読者から見れば「積《つ》ん読《どく》」というのも意味があると思う。本当にほしいと思う本はどうぞ買ってください〉（「山梨日日新聞」二〇一三年十一月十七日付）

ちょうどそのころ、出版社や作家の一部から、図書館を「無料貸本屋」と激烈に批判する声が渦巻いていた。かつて日本ペンクラブ会長として作家らのまとめ役を担《にな》っていた阿刀田さんは、図書館と出版業界いずれの主張も理解する立場から、両者を結びつけるためのひとつの回答を示そうとしたわけだ。

館長のもと、県立図書館を結節点《けっせつてん》に、読書推進にかかわるさまざまな取り組みが矢継ぎ早にはじまった。県民から募集して決めた「わたしと本とあなたと」というキャッチコピーのもとで始動した、やまなし読書活動促進事業だ。

その事業のひとつが「贈りたい本大賞」。書店で手軽に買える本のなかから、大切に思う人に贈りたい本の、贈りたい理由や選んだ理由を一五〇文字の推薦文にしてもらい、優秀作を表彰するというものだ。「親へ贈りたい本」など六部門を設け、徐々に広がりを見せているようだ。

実は、阿刀田館長は「サン・ジョルディの日」を例に挙げ、「県民がお互いに本を贈りあう運動を進めたい」とも提案していた。サン・ジョルディの日とは、恋する男女がバラの花を贈りあうスペイン・カタルーニャ地方の風習を範《はん》に、全国組織の日本書店商業組合連合会が一九八六年四月二十三日、本を贈りあう日と読み替えて日本に広めた行事だ。サン・ジョルディの日は、一部の書店商業組合が細々と継続するだけになってしまったものの、二〇〇〇年の「子ども読書年」を契機に子どもの読書活動の推進に関する法律が制定され、二〇〇二年には「子ども読書の日」として引き継がれた。これらの活動を〝翻案《ほんあん》〟して新たなイベントに再生したかっこうだ。

もうひとつが「ビブリオバトルやまなし」。中学生・高校生・一般の部に分かれ、バトラーと呼ばれる発表者が観客を前にお勧め本の魅力を語り、聴衆が「読みたくなった」本を投票で選び、勝負を決めるという〝知的書評合戦〟だ。

山梨ゆかりの作家などを中心にした講演会や朗読会の開催も定例化した。

「新館」の誕生を契機に

やま読の事務局は、県社会教育課内にある。学校は夏休みの真っ最中である二〇一六年八月、カンカン照りの日に事務局を訪問した。

応対した社会教育課課長補佐の横森伸司さん（五十四歳）は、山梨県の読書活動の特性をこう説明する。

「以前から家庭や地域で読書活動は活発に行われていました。教育委員会としては、社会教育の一環として一〇年ほど前から『家読１００選』という読書のきっかけづくりのための取り組みをしています。本はひとりで読むものですが、こういう本を読んだんだよと家族で話せば、心が癒《い》やされることがあります。個々人が発信することで文化がつくられていくのではないかという発想です」

お勧め本を掲載した「家読100選」のパンフレットを乳幼児、小学校低学年・中学年・高学年、中高校生それぞれに向けて作成し、学校などで配布する。説明文では「家読の基本は〝読んだ本について家族で話す〟だけです」と禁欲的だ。中高生版では「自然・科学」「平和・環境」などのテーマごとにさまざまな本を取り上げた。「これは読んでおいてほしいという〝不易《ふえき》(不変)〟の本」(横森さん)を選書しているそうだ。

このような取り組みのもと、県立図書館の新館の誕生がさらなる読書活動を推進するテコとなる。

「当時の知事が阿刀田さんに館長の就任をお願いしたとき、もともと山梨は林真理子さんなど有名な作家を数多く輩出し、文化的素地・資産があるではないかということになり、県と図書館の施策《しさく》として読書促進事業がはじまったのです」

初年度は、前述した「贈りたい本大賞」などの事業を展開した。しかし、課題を残した。「実際に事業を進めるには、書店など実際に本にかかわる方々の協力がなければ」(横森さん)と気づいたのである。

しかし、県の事業に直接、経済活動を営《いとな》む民間の事業者が関与するのは難しかった。金銭の授受を伴《ともな》うイベントの開催にも工夫が要《い》った。そこで、ボランティア組織として書店を巻き込んだ「やま読実行委員会」が立ち上がることになる。委員長には、甲府市の有力書店、朗月堂《ろうげつどう》社長の須藤令子さん（四十六歳）が就《つ》き、社会教育課は事務局を務めることになった。次の年には東京の出版社や取次などの委員も加わった。

横森さんは「毎月定例会を開いています。交通費さえ出ません。東京からやってくる方も自費です。書店や出版業界の方々と出会い、互いに刺激を受けています」と話す。

実行委員会が企画したやま読スタンプラリーでは、即日四カ所を回ってしおりのセットを手に入れた人が現れるなど反応は上々だ。

「県内の書店が減っているなか、県民の購買活動につながりつつある」と、横森さんはやま読事業の今後に明るい兆《きざ》しを感じているようだ。

県立図書館の新館は、地上三階・地下一階建てで床面積が三五〇〇坪ほどあり、収蔵能力は一一〇万冊に及ぶ。壁面にはガラスを多用し、屋上には太陽光発電のパネルを設置するなど現代風の建物だ。来館者は一日二七〇〇人ほど、年間では九三万人になり、都道府県立図書館では岡山県立図書館の一〇〇万人超に次ぐ全国二位となる。山梨は岡山の半分以下の人口しかないので、ダントツの利用率だ。都道府県立図書館は通例、市町村立図書館のバックアップ業務が主であるものの、山梨県立図書館の場合は、県民の直接の利用を働きかけているという点でユニークな存在でもある。

近年は、業務を外部に委託する指定管理者制度を導入する図書館が増えた。ところが、指定管理者がもともとあった郷土資料を廃棄したり、冊数を揃えるために関連会社の新古書店からまったく異なる地域の古い年度版のラーメン店ガイドを仕入れて展示したりと、地域住民の不興《ふきょう》を買う出来事まで起きているのが実情だ。山梨県立図書館では、図書館本来の貸し出し業務やレファレンス（相談業務）は県直営で運営するという方針で臨《のぞ》み、カフェや集会室、建物の管理は指定管理者に任せるというかたちをとるのが特徴である。書店とのつきあいは県職員の図書館員が担《にな》い、一方、施設を管理するのは民間業者なので、書店が図書館内で物販をするのに大きな障害がないというのもメリットとなっているそうだ。

山梨県立図書館副館長の羽田孝行さん

二〇一六年四月に県立図書館の副館長に就いた羽田孝行さん（五十五歳）は、阿刀田館長を「折に触れて、図書館が栄えても地元書店が衰退するのはよくない、書店を救いたいと話しており、書店を守りたいという強い意志を感じています」と評する。

ベストセラーを何十冊も揃える公共図書館がある一方で、山梨県立図書館はあくまでも一タイトル一冊が原則だ。結果的にそれが、書店の売れ行きに影響を与えないかたちになった。代わりに、専門書などの充実を図《はか》っているそうだ。

「書店はひとつの文化施設です。その書店がなくなってしまえば、文化の衰退につながる。県や図書館と連動して、書店には売り上げを上げてもらえたらと考えています」

スタンプラリーの台紙は、二〇一六年八月中旬時点で一万枚を配布したそうだ。

ポジティブな官民一体の活動

やま読実行委員会委員長の須藤さんが経営する朗月堂は、一九〇二年創業の山梨県を代表する老舗《しにせ》書店のひとつだ。かつては甲府駅前など県内に五店舗を展開していたものの、二〇一三年に現在の本店（甲府市貢川本町《くがわほんちょう》）に店舗を集約した。売り場面積は三〇〇坪になる。

ただし、店舗は一般書・雑誌、実用書、コミックなどのジャンルごとにA館、B館、C館と三つに分かれ、それぞれの館が専門店ふうになっているという珍しい形態だ。敷地を横切るかたちで用水路が流れ、その上に建物を建てられなかったため、店舗を分けざるを得なかったそうだが、お客には個性のある三つの店舗を回遊《かいゆう》する楽しみを提供できているように見えた。

商圏は全県に及び、ポイントカードは一一万枚も発行する。スタンプラリーの台紙も単独で四〇〇〇枚前後配布した。

「山梨県では、書店組合に加盟している書店が二〇年前には約八〇店あったのですが、現在は三〇店ほどに減少してしまいました。店数が減れば残存者利益があるかといえば、この業界に限っては、そんなことはありません。いまの状況で、とりわけ専門特化した書店が生き残るのは難しい。県立図書館がオープンした日には、『今日はあまりお客さまが来ないね』と話していたんです。その日の売り上げはいつもの一割強落ちました。全国チェーンの大型書店が出店したときは目に見える影響がなかったのに、図書館ができるとこんなに影響するのかと思いました」

　須藤さんは、山梨県の書店の状況をこう説明した。

　図書館との関係を見直すきっかけになったのは、阿刀田さんらがパネラーになったシンポジウムに参加したことだ。それ以前は、書店にとっての有力な取引先とはいっても、図書館側は書店を出入り業者のひとつとしか見ていないという印象を持っていた。だが、「書店を守りたい」という館長の強い思いを聞き、やま読に期待感を持ったのだという。

　面会に来た県職員に、須藤さんはさっそく「書店を巻き込んでほしい。ボランティアでもいいのでいっしょにやりませんか」と訴えたものの、当初は「行政としては難しい」という反応だった。それでも、贈りたい本大賞の審査員などとして協力するなかで交流が深まっていく。

「集客の仕方など書店の発想は違うと盛り上がりました。先方もいっしょにやりたいと言ってくれ、実行委員会をつくることになったのです」

　社会教育課経由で声をかけ、地元書店の柳正堂《りゅうせいどう》書店、春光堂《しゅんこうどう》書店、星野書店、徴古堂《ちょうこどう》（以上、甲府市）、リブロ・ブックセンターよむよむ新敷島《しきしま》店（甲斐市）、ブックスアマノ（笛吹《ふえふき》市）の経営者や店長が実行委員会の委員となった。さらに、書店の天真堂《てんしんどう》書店（山梨市）、ブックステ

甲府市の朗月堂社長・須藤令子さん

ーション（都留《つる》市）、卓示《たくじ》書店（富士吉田市）、県立図書館、これに取次や出版社、メディア関連の専門紙らも委員に加わった。

スタンプラリーのほか、いままでに、県立図書館の講演会にやってきた作家とお酒を飲みながら直に話を聞ける「ワインと本と作者と」というイベントを開催したり、ＰＯＰ（手書き広告）の講座を開いたり、各種行事で物販をしたり、実行委員会に参加する書店がリレー形式でブックフェアの企画を立て、その選書リストをもとに各店の店頭でいっせいにフェアを展開するなどの取り組みを進めた。

これまでに〝ワインの会〟の講師を務めたのは、阿刀田さんのほか、文芸評論家の三枝昂之《さいぐさたかゆき》、ハードボイルド作家の北方謙三《きたかたけんぞう》、推理作家の神永学《かみながまなぶ》、作家の島田雅彦《しまだまさひこ》、角田光代《かくたみつよ》の各氏らだ。

このうち、神永さんは実行委員会が独自に声をかけ、県内の書店でサイン会も開いた。作家が書店にやってきても、都市部でさえ集客に苦労することがある。須藤さんが「なんとか五〇人集めてください」と呼びかけたところ、サイン会の経験がほとんどなかった周辺部の書店のなかには九〇人ものお客を集めたところもあったそうだ。

「活動を通じ、お手伝いのためにいろいろな書店に行くようになりました。サイン会では、ナマの作家の来店を渇望《かつぼう》しているお客さまがまだこんなにいるのかと思いました。みなさん、目がキラキラしていたんです。あの状況を目《ま》の当たりにして、手応えを感じ、書店にできることはまだあるのだなあと思いました」

やま読に連動したイベントを開くことで、ふだん書店に顔を出していなかった人が来てくれることがわかった。お客との関係がこれからもつながってくれればと期待する。

「実際のところは、売り上げに直結する活動ではありません。そのことを目的にしているわけでもありません。身近に本があることがどんなに楽しいことか、ということを伝える啓蒙《けいもう》活動なのです。私たちがやる気を見せているからか、行政の対応もますます本気になってきました」

官民一体というと、ネガティブな印象を受けることもあるが、山梨は違った。行政や図書館は書店の経営事情に配慮し、一方の書店は採算度外視の、ときに持ち出しのボランティアとして読書活動に邁進《まいしん》する。その微妙なバランスが互いに好影響を与えているようだ。他の地域でも、山梨方式の読書推進活動がひとつの手本になるのではないだろうか。

なぜ行政が書店業に

全国初の「市営書店」

「本のまち八戸《はちのへ》」を標榜《ひょうぼう》して、種々の読書推進活動に取り組んできた青森県八戸市は二〇一六年十二月四日、事実上の市営書店「八戸ブックセンター」をオープンした。行政が読書推進の拠点的な公共施設と位置付ける、全国初の市が運営する書店である。

住民サービスの一環として公営書店が設置された前例がないわけではない。原発事故によって休業中の福島県飯舘《いいたて》村の「ほんの森いいたて」（二四三ページ）をはじめ、五つの町村に自治体立の書店があった。いずれも、業界団体の出版文化産業振興財団が〝無医村〟ならぬ〝無書店町村〟に声をかけ、手を挙げた自治体を支援して立ち上がったものだ。

ただ、残念ながら、休業中の飯舘村営以外、現在も営業しているのは北海道礼文町《れぶんちょう》の「Ｂｏｏｋ愛ランドれぶん」のみ。岩手県三陸町（現大船渡《おおふなと》市）が開設した「ブックワールド椿」は津波に襲われ、再建を果たせないまま閉店。大分県耶馬溪《やばけい》町（現中津市）の「わかば書店」と長野県北御牧町《きたみまき》（現東御市《とうみ》）の「ブック童夢みまき」は、経営難や市町村合併などを理由に閉店してしまった。

こういった先例があったものの、八戸市の場合は環境が異なる。二〇一三年に構想が持ち上がったとき、もともと地元にも民間の書店があるだろうに、あえて行政が書店業に参入するのか、いぶかしく思ったものだ。二三万人都市の八戸市内には、いま現在も書店一四店舗が営業する。そこに「市営書店」が割り込み、民間の既存書店が影響を受ければ元も子もないのではないか、と。

市の意図《いと》は？　地元書店の反応は？　市民の受け止めは？　疑問を解決すべく施設の運営に漕《こ》ぎ出した八戸市に赴《おもむ》いた。

八戸ブックセンター（BC）は、中心市街地に建つ真新しい複合ビル「ガーデンテラス」の一階に置かれていた。オープン前日の十二月三日、内覧会《ないらんかい》が開かれ、売り場構成や展示方法、品揃えなどをじっくり見ることができた。

店舗面積は近年、新規開業した書店の平均二〇〇坪超と比べれば、やや小ぶりの三一五平方メートル（約九五坪）。こげ茶色や黒の什器《じゅうき》で揃えられ、シックな装《よそお》いを醸《かも》し出す。店舗の両脇には大きなガラスが張られ、開放的でもある。コーヒーやお酒を提供するカウンターの前の空間は広く、壁に沿って高めの書棚が並び、奥に進むと死角になった空間にぎっしりと本が詰まった棚が現れた。

その合間合間には、ギャラリーや一〇人ほどが座れる「読書会ルーム」、棚と棚の間にハンモックが吊された読書席、八戸出身の芥川賞作家、三浦哲郎《みうらてつお》愛用の文机《ふづくえ》のレプリカを収めたコーナーなどがある。興味を惹《ひ》いたのは「カンヅメブース」だ。〝市民作家登録〟をした利用者に、執筆の場を提供しようという試《こころ》みである。四方を棚に囲まれた小さな空間も面白い。腰掛けながら静かに選書できるようになっていた。

八戸ブックセンターのオープン初日、多くの来館者で賑わっていた

書棚は、自然、人文、芸術、世界などの入門書や基本図書を集めた「知へのいざない」、仕事、愛、命などを切り口に普遍的な本を集めた「人生について」、本のまち、本を読む、本を書くなどをテーマにした「本のまち八戸」の三つのコーナーで構成され、それらの棚の間に、フェア台やフェア棚、八戸ゆかりの人が選書した「ひと棚」があった。街の書店には大量に並ばないような教養書や、やや専門書寄りのタイトルを集めた、いわゆるオシャレ系のセレクト書店のような雰囲気である。

八戸ＢＣをディレクションしたのは、東京・下北沢にある書店「Ｂ＆Ｂ」の経営者で、ブック・コーディネーターの内沼晋太郎さん（三十六歳）

だ。内覧会に同席していた内沼さんに選書の方針を尋ねてみた。

「地元の書店がビジネスとしてやろうとすると、置ける本と置けない本がある。そこからこぼれ落ちた、地元の一般の人が興味や関心のありそうな本をできるだけ並べることにしました。なかなか扱えない本を揃えることに、ひとつの公共性があるという考えです。知らなかった本を知ってもらい、八戸ＢＣで盛り上がって、たとえば海外文学のタイトルが動けば、その情報を民間の書店にお知らせし、そちらで買ってもらえるようにしたい。一般の需要が高まったら、八戸ＢＣはその本を売る役割を終えることになります」

内沼さんは、こんなたとえ話もした。「ネットで検索しようと思っても、知りもしない言葉を検索窓には入れられません。これから大事なのは、答えを出す力ではなく、問いを持つ力。需要に合わせて本を揃えるだけでは、そのような機会はつくれません。世界に広がる本に触れることで問いを見つけてほしい」と。

実は、八戸ＢＣの一日あたりの売り上げ目標は六万円、年間で二〇〇〇万円にすぎない。個人営業の街の本屋並みのささやかな金額だ。一方、運営費は六〇〇〇万円ほど。当初から市が四〇〇〇万円を補塡《ほてん》することを前提にした書店でもある。

八戸ＢＣは、売れ過ぎれば民業圧迫となり、売れなければ事業として成り立たないアンビバレントな存在だ。だが、内沼さんの話から地元書店との連携を前提にした立ち位置にあることがわかった。民間の書店にとっては、仕入れづらいタイトルのなかから、これはという本を発見する見本棚としても活用できそうだ。

市職員で八戸BC所長の音喜多信嗣さんも「単体で見れば四〇〇〇万円の公費負担になりますが、市全体に経済的効果を及ぼすと考えています。公共でしかできない投資です」と説明する。

目標をはるかに超える来館者数

八戸BCの〝新規開店〟は、十二月四日の午前十一時。そのすこし前から、次々と市民がやってきて七〇人ほどの行列ができた。職員の「開館します」の掛け声とともにお客が施設内に入り、瞬《また》く間に人であふれかえった。

洋書の図鑑に見入る子どもの姿も

レジ近くの平台《ひらだい》では、洋書の図鑑を広げて見入る親子連れがいたり、棚にぎっしり詰まった書籍を上から下まで一点一点眺めている壮年の男性がいたり、ハンモックに座って本を読みはじめる若い女性がいたりと、館内は静かな熱気に包まれた。

娘さんとともに訪れた高齢の女性は、「昔はこの近所に伊吉《いきち》書院さんや木村書店さんがあって、よく利用していたんですよ。でも、よそに移ってからは、年も年なのでなかなか出かけられなくなっていた。近くに本屋ができたのは嬉しいです」と、顔をほころばせた。

開館して三〇分も経っていないのに、八戸BCのビニール袋を提げつつ、さらに棚を嘗《な》め回すように見ている男性客がいた。もう本を購入したのですかと尋ねると、手提げ袋から買ったばかりの商品を取り出してくれた。「言葉」にかかわる本だ。

男性は「いい本を揃えていますね。東京の書店でさえ見かけないような本が並んでいます」と興奮気味に語る。聞けば、言語学を専門にする研究者だという。専門家の目からも確かな品揃えであるようだ。

スタッフには市職員の三人が就《つ》いたほか、公募に応じた元書店員三人が市の嘱託《しょくたく》職員として就職した。元書店員のうち二人は、東京から移住してきた人だ。そのほか、「市営書店」の立ち上げに対応して、地元書店の伊吉書院、カネイリ（金入）、木村書店の三店が仕入れの窓口として有限責任事業組合（LLP）八戸書籍販売を設立し、その八戸書籍販売がカフェコーナーも取り仕切り、そのために採用した四人のスタッフが加わる。一般の書店と比べれば、かなり手厚い態勢だ。そのスタッフらは終日、忙しく立ち働いていた。

初日にやってきたお客は三二二三人、購入冊数は二三三〇冊に及んだ。一日あたり三〇〇人を目標に掲げていたからその一〇倍だ。開館一週間でも、累計で一万一〇〇〇人を超え、八〇〇〇冊近くを販売するなど好調そのもの。施設内に陳列していたのは約八〇〇〇冊だから、その一割が一週間で売れてしまったことになる。立ち上がったばかりの〝ご祝儀《しゅうぎ》〟とはいえ、市民の期待の大きさをまざまざと見せつけたかっこうである。

　八戸ＢＣの構想は、小林眞八戸市長の発案《はつあん》によるものだ。八戸市では「本のまち八戸　本に親しもう」をキャッチフレーズに、読書推進にかかわるさまざまな事業を展開してきた。一歳未満の乳児に、絵本一冊と図書館の利用案内などの入ったブックスタートパックを配付する「ブックスタート」事業、八戸市内の小学校と特別支援学校小学部に在籍するすべての児童に、市内書店で使用できる「マイブッククーポン」という金券二〇〇〇円分を配布して、子どもが読書に親しむ環境づくりを進める事業などだ。さらに、三歳児のいる家庭にも「キッズ・ブッククーポン」を配付する。クーポンの事業費は三〇〇〇万円ほど。八戸ＢＣ所長の音喜多さんによると、利用率はほぼ一〇〇パーセントになるそうだ。本の需要を喚起《かんき》し、地元書店の振興策としても効果を発揮しているようだ。

　八戸ＢＣの開所を記念したトークイベントで、小林市長は「店内の選書を見てにんまりしている」と語り、頬をゆるませた。

「街の書店を補完する、理想的なスタートを切れた。売れたら（その後は）売らない。儲けは狙いません。売れている本はぜひ本屋で買ってください。すばらしい本が出ていることを提案するのが八戸ＢＣの役割です」と「市営書店」の考え方を説明し、行政が書店を経営する意味を「大都市と地方の情報格差を埋めるために、行政サービスとして書店をやってもいいのではないか。日本初のひとつの試みです」と語った。

共存共栄の道を模索する地元書店

地元書店はどう考えているのか。ＬＬＰ八戸書籍販売を構成する三書店にそれぞれ話を聞いた。

カネイリ番町店は市営書店から徒歩数分と、もっとも近いところで営業する。目に見える影響があるとすればこの店だ。だが、社長の金入健雄さん（三十六歳）は飄々《ひょうひょう》としていた。

「市長から本にかかわる何らかの施設をつくりたいと相談を受け、公共施設として果たすべき本屋の役割があるのなら、と賛同しました。何もしなかったら本屋は減っていくだけ。うちは中心街にある唯一の本屋です。最後に頼りにされる、逃げられない本屋であり、ここで陣を守る役割があります。市営書店とともに、知の伝播《でんぱ》の場になればと、未来志向で考えています」

赤字経営を前提にすることにも一家言《いっかげん》ある。利用者が増大したとされ、全国に知られる佐賀県の武雄《たけお》市図書館は、カルチュア・コンビニエンス・クラブを指定管理者としたとき、八億円近くの改修費を投じた。

「八億円対四〇〇〇万円ですよね。どっちが経済効果があるのでしょうか。（書店、図書館とは違う）第三の道として全国に八戸方式が広まれば、日本が変わるかもしれませんよ」

カネイリの店舗を覗《のぞ》いたところ八戸ＢＣのオープンに連動したミニフェアを実施していた。連携は言葉だけではなかった。

一三〇年余の歴史を誇る老舗書店、伊吉書院社長の伊藤篤さん（四十七歳）は、「当初、賛成はできなかった。直接被害を受けるのはカネイリさんだと思ったのですが、金入社長がいいというので賛同することにしたんです」と振り返る。

八戸ＢＣが開店し、実際の売り場を見た感想はこうだ。

「大きな書店のない田舎の本屋は、できるだけ全ジャンルを揃えたいと思うもの。うちも無理やり詰め込んでいます。売れないからと、検定試験のようなジャンルを取っ払うことはできません。その結果、田舎くさい売り場になる。八戸ＢＣの照明はいいなと思いました。やんわりした雰囲気は、これからの店づくりで真似したいところもありましたね」

カネイリ番町店を運営する金入健雄さん

伊吉書院は以前、八戸ＢＣあたりにも店舗を置いていた。二〇年ほど前、中心街にあったイトーヨーカ堂が撤退して街が寂《さび》れ、閉店したそうだ。現在は郊外に二店舗を展開する。八食《はっしょく》センターという巨大モール近くで営業する西店に行ってみると、かなり広大な売り場だった。伊藤さんが話していたように、全ジャンルを網羅するオールマイティの書店である。八戸ＢＣにも街の本屋にも置いていない、理工系の専門書も充実していた。その上、お客の入りもなかなかのものに見えた。

八戸港近くで営業するのは木村書店。震災のときには、店舗の手前まで津波が襲い、寸前のところで難を逃れたという。LLP八戸書籍販売の代表も務める、その木村書店の社長、田中麗子さん（六十九歳）にも話を聞いた。

八戸港近くで営業する木村書店の田中麗子さん

「正直に言うと、図書館が老朽化しているから、図書館を建て替えて、そこに本の販売コーナーや飲み物のコーナーをつくるのがいいのではないですかと、市にはお話ししました。八戸の図書館は現存する図書館では日本で最初にできたと言われている。その歴史を生かしてほしいと思ったのです」

そんな経緯があったので、田中さんは「八戸ＢＣを街の広報的な場所にして、図書館の歴史も紹介してもらえれば」と期待する。

ただ、行政の施策には注文がある。木村書店には、かつて十数人の外商部員が住み込みで働いていた。図書館や小中学校に出入りし、かなりの売り上げになっていたという。ところが、図書館も学校も全国規模で展開する納入業者が市と契約し、とりわけ学校に出入りできなくなったのが打撃となった。その取引は入札で決まったのではないという。

「私たち書店の営業努力が足りなかったわけではありません。地産地消《ちさんちしょう》といいますよね。地元の業者を活用しなければ、回り回って税収も減ってしまうのではないでしょうか。これでは戦意を喪失してしまいます」

現在、外商部員は四人。市長には八戸ＢＣの開店を機に、納入業務の見直しを訴えているところだ。

木村書店も一九二七（昭和二）年に創業した歴史ある書店だった。創業者の祖父・木村靄村《あいそん》はアララギ派の歌人として、斎藤茂吉《さいとうもきち》と親交があったという。店名の書き文字は、その斎藤から贈られたもの。店内に掲げられた大振りの看板が存在感を示していた。

地元書店もそれぞれに個性的だった。八戸ＢＣと共存共栄できるか、結果が出るのはもうすこし先のことになるだろう。八戸ＢＣと地元書店が互いに喜びあえる連携を、市民とともにぜひとも実現してほしいと思った。

地域のインフラとしての本屋

「最寄り型書店」の役割

街にはさまざまな形態の書店がある。ほぼ何でも揃う大型書店、ロードサイドで営業する郊外型の複合書店、特定のジャンルに特化した専門書店、店主の好みを反映したセレクトショップふうの書店、近所のお客が利用する街の書店等々。加えてネット上の書店もある。お客の欲求に応えるべく、各々《おのおの》が書店としての機能を果たす。ただ、利用のされ方はそれぞれ異なる。ジャンルを絞った専門書店は、広範囲の商圏を相手にする。セレクト書店は、品揃えの妙によって、そこになければ存在していなかったであろう購買意欲を喚起《かんき》することで成り立つ。いずれも大都市型の書店だ。

一方、街の本屋の機能は異なる。地域の利用者のために、できるだけ多様なジャンルを揃え、現にある需要を保証する役割だ。お客との関係を密にして、外商活動を熱心に展開するところも少なくない。

都市部や都市近郊に集中する大型店や複合型書店は、専門書店と街の本屋の中間型といっていい。出版物だけでなく、レンタルＤＶＤやカフェ、雑貨など他のサービスでお客を惹きつける書店もある。

私は最寄り型書店と呼べるような、地域の人々にとってより身近な、現にある需要を満たすために奮闘する街の本屋に心惹かれる。近隣の住民の読書環境を保証する、いわば生活基盤（インフラ）的な存在だと思うからだ。

だが、その需要も移ろいやすい。ある書店が閉店したあと、その近所にあった書店の売り上げが増えるかといえば、そんなことはない。これまで話を聞いたことのある書店では、多くても二、三割増、まったく増えなかったという書店さえあった。かつての需要はどこに行ってしまったのだろうか。なじみの書店がなくなり、お客は購入自体を控えてしまったかのようにさえ見える。

逆に、近所に大型書店ができても、街の本屋の売り上げが激減することはないのかというと、それはない。打撃を受け、廃業を選択する書店が陸続《りくぞく》としているのが現実だ。

東京・文京区白山《はくさん》にある南天堂《なんてんどう》書房を二〇一五年の年末に訪問し、業界の重鎮でもある店主の奥村弘志さん（七十八歳）に街の本屋の現状を解説してもらった。ちなみに南天堂書房は明治の創業。大正期、アナキスト（無政府主義者）の大杉栄《おおすぎさかえ》、伊藤野枝《のえ》らが利用し、併設していたカフェに集って社会変革を語り合った歴史の舞台として知られる。

奥村さんの見方はこうだ。書店の粗利《あらり》は二二パーセントとされているものの、万引きによる

南天堂書房の奥村弘志社長

損失や図書館への値引き販売などによって、平均的な書店では実質一九パーセントにしかならないとする。家賃や光熱費、人件費などの経費を差し引くとほぼトントン。利益は出ない。売り上げが一〇〇で経費がその一九パーセントであれば、売上高が三割落ち込んで七〇になると、家賃や光熱費などの経費は変わりようがないので、経費の割合は二七パーセントを超えることになる（経費一九／売り上げ七〇＝経費率約二七パーセント）。したがって、経費率が粗利率一九パーセントを八ポイントも上回り、赤字は確実である。

「売り上げが多少落ちただけで経費率は跳ね上がる。削れるのはせいぜい人件費だけ。ちょっと計算すれば誰にでもわかりそうな話だけど、ずるずる書店を続けると、とたんに赤字がかさんでしまうんですよ」

小幅の売り上げ減なら店主の人件費を削って対応もできるが、さらに減れば削れるところがなくなり、破綻《はたん》は目に見えているということだ。

地域密着型書店のさまざまなかたち

南天堂書房は二〇一四年、一階と二階に分かれていたフロアを一階に集約し、売り場面積を四〇坪から二五坪に減らした。その結果、経費は半減し、売上高は以前の八割を維持。二階に学研とコラボレーションして学習塾を立ち上げ、家賃収入を得られるようになった。二階の空き時間には、読み聞かせの会やおはなし会を開き、有効利用する。塾の送り迎えにやってくる母親らが本を購入してくれるという相乗効果もあった。

何もしなかったら、いまよりも広い売り場を維持しつつ、毎年、一割ずつ売り上げを落としていたかもしれない。奥村さんは「改装をやってよかった」としみじみ語る。

店頭には、売れ筋書を中心に、地域に暮らす高齢者やファミリー層を意識したオーソドックスな商品を並べる。奥村さんは「本好きが見たら物足りないかもしれない」と思いつつも、「あまりに偏《かたよ》った品揃えでは自己満足になってしまう。一般のお客さんが付いてこられる店にしようと考えた」結果だ。街の本屋の本分に忠実な姿勢を貫《つらぬ》く。

「街に本屋があるのはよいことです。店主が赤字でも趣味でやるというのなら、誰も文句は言えない。でも、それは商売ではありません。商売として成り立たせ、店を残すには、売り上げを確保するしかない。私は、一冊でも多く本を売るという使命感を持っています」

南天堂書房は二〇一五年十二月六日、読書普及に取り組む「絵本・日本プロジェクト」や文

都内で開催された「読育」イベントの一コマ

京区などと実行委員会を組織して「よむよむ・わくわく広場in文京区〜幼児・小学生と保護者向けの『読育』イベント〜」を開催した。絵本作家のおはなし会やお絵かき教室、和綴《わとじ》本づくりの実習、辞書引き学習特別授業、絵本の即売会など多彩な出し物だった。

　同様のイベントはこれまで、新宿や福岡など各地で開催してきた。今回は「地元書店による地域活性化イベント」という位置づけだ。奥村さんは「ふつうの本屋にこういうイベントをやらないかと持ちかけても逃げてしまう。でも、近くの大学に手伝いを頼んだら学生ボランティアがたくさん来てくれた。気持ちと努力があれば、まわりの人が必ず応援してくれるものです」と言う。

　南天堂書房は、地域の生活基盤としての街の本屋を実践していた。

　前述のように書店をカテゴライズしてみたものの、その範疇《はんちゅう》に収まりきらない書店もある。専門化・特化しつつ、近隣の顧客の日常的な欲求に対応する街の本屋の発展型だ。

愛媛県松山市で営業する松山堂《まつやまどう》書店は、店舗をもたない外商専業の書店である。そんな業態の書店はさほど珍しくはないけれど、この書店は、唯一無二《ゆいいつむに》ではないかと思えるユニークな書店だった。

松山堂書店は、伊予鉄道松山市駅近くの住宅街の一角にあった。外に掲げられた縦十数センチ、横五〇センチぐらいの小さな「松山堂書店」の看板を見逃したら、ここが書店だとは気がつかなかったかもしれない。

ひさしの掛かった駐車場には、ワゴン車が何台か並び、奥には倉庫があった。床には取次の段ボール箱が積んであり、ワゴン車から荷下ろししている人がいた。「こんにちは」とあいさつして、「社長さんに会いに来ました。この上ですか？」と尋ねると、そうですと教えてくれた。スチール製の外階段を上ると、そこが事務所だった。

午後五時過ぎに訪問した部屋には、女性社員一人と男性社員五、六人の姿があった。書類に目を通している人、パソコンを操作している人、学校名と生徒名の書かれた集金袋からお金を取り出して数えている人――。それぞれに業務に勤《いそ》しんでいる。外商先から戻っていない社員も何人かいるようだった。

奥の部屋に通され、社長の光永和史さん（六十二歳）に面会した。

光永さんは「書店には見えないでしょう？　以前は、店舗も運営していたんですが、ぼくは入社以来、店頭の経験がなく、外商だけ。コミックや雑誌のことは全然知りません。ほとんど知識がないですから」と話しつつ、相好《そうごう》を崩した。

実は、光永さんには二〇一五年秋、東京に出張した折、すでに一通り話を聞いていた。比較的大きめの老舗書店なら、たいてい店売（店頭販売）と外商の両方を営んでいる。近年は固定費や在庫負担を軽くするために、店舗を閉じて細々と外商だけの業態に変える街の本屋も増えてきた。ところが松山堂書店の場合は、直近の年商が三億五五〇〇万円と、店売りをしている書店であれば地方都市の地域一番店クラスの売り上げを誇り、しかも、外商に携わる社員が八人、管理部門の社員が二人と、同程度の売上高の書店の二倍前後の態勢とのことだった。

ただ、話を聞くだけでは、このような営業形態を具体的にイメージできていなかった。事務所に出向き、ようやく雰囲気を摑むことができた。

外商に特化し生き残りを図る

松山堂書店は、光永さんの祖父、勝治郎さんが一九一五（大正四）年、松山市三番町で文具販売を兼ねた書店として創業した。戦時中には店舗を焼失。戦後、勝治郎さんとともに光永さんの父、誠一郎さんが市内大手町で店を再建し、二番町にも支店を出した。法人化は一九四九年になる。

光永さんは、高校を卒業後、大阪の出版社に就職し、二年間の勤務を経て実家に戻り、松山堂書店に入社した。一九七三年のことだ。八三年には、父の誠一郎さんが亡くなり、三十歳にして社長に就任した。当時は三店舗を展開していた。

だが、光永さんは大胆な施策をとる。店舗を閉じ、外商専業にすることにしたのである。折しもコンビニエンスストアが台頭し、週刊誌や月刊誌などの出版物を扱うようになったころのことだ。

「どうやって生き残るかといえば、特化しかないと考えました。これから少子高齢化が進み、児童数が減っていくということはわかっていた。そういう時代になるということは、逆にほかが退《しりぞ》いていっても、ある程度頑張っていけば成り立つと考えたのです。その結果、ジャンルによっては寡占《かせん》的に販売できるようになり、売り上げも増えていきました」

　松山堂書店の外商先は、小学校・中学校が中心。松山市とその周辺の中予《ちゅうよ》地区すべての学校を訪問する。これに高校や教育委員会、消防署、警察署などが加わる。児童書出版社の福音館《ふくいんかん》書店の販売会社、こどものとも社が実施する月刊誌『こどものとも』の原画展を地元で開いたのをきっかけに、幼稚園・保育園ルートも開拓し、松山堂書店が販売代理店の「えひめこどものとも社」を担うことになった。こ

松山堂書店の事務所で。左端が光永和史社長

れら取引先の口座数は全部で五五〇〇にもなる。

営業部長の竹岡広則さんに同行して中学校に出かけた。職員室に入るとすぐ、ひとりの教員が待ってましたとばかりに声を掛けてきた。その場で生徒の英検の申込書を渡された。別の教員には頼まれていた教材を渡し、他の教員とは世間話をしながら関係を深める。竹岡さんはこの道三二年というベテラン。ごく自然に学校にとけ込んでいるようだった。こんなふうに、一日に一〇校前後を訪問しているそうだ。

情報化による顧客管理はかなり早い時期からはじめていた。一九八四年にパソコンを導入、八九年にはオフコン（事務処理用のオフィスコンピュータ）も使うようになった。「この本を購入すれば、次はこの本につながる」という経験則も反映したシステムだ。また、教員は異動があることから、購入履歴を社員どうしで共有するのにも活用する。竹岡さんのように、日々顔を合わせ、言葉を交わしている人々のデータだから、単なる数字以上の意味がありそうだ。

学校を相手にすると、一般に季節変動が大きくなる。一月から三月は学習参考書などが中心になり、新学期になると辞書・事典が動き、そのほかの時期は閑散《かんさん》とするというのが常だ。しかし、松山堂書店の場合は、年間を通じた販売活動を展開しているのが特徴だ。参考書などの一括採用だけでなく、日常的に教員個々人から注文を受け、新聞社などが主催する愛媛県内のいくつかの読書コンクールの際は、学校でチラシと代金袋をまいてもらって子どもたちから注文を集めたり、夏休み時期には教員グループの研究会に出向き、出張販売をしたりと、途切れることなく営業活動を繰り広げる。

二〇一五年夏には性教育に取り組む「〝人間と性〟教育研究協議会」の全国夏期セミナーが松山市で開かれ、二〇〇万円近い売り上げになったそうだ。

また、毎月五〇〇〇部以上を扱うという『こどものとも』の販売を通じて、幼稚園・保育園とも強固な結びつきがある。面白いのは「一日本屋さん」という取り組みだ。幼稚園などの保護者らと相談しながら選書し、バザーなどの際、絵本の売り場を設け、母親らが売り子になって販売したり、注文を集めて後日、届けたりする。父母会などに販売手数料を支払い、そのお金でまた幼稚園や保育園用の絵本を買ってくれるという循環《じゅんかん》もあるそうだ。

ある幼稚園の「一日本屋さん」のチラシを見せてもらうと、「今年も絵本やさんがやってきます！」「ステキな本にきっと出会えますよ」という言葉が躍《おど》っていた。「一日本屋さん」を経験した保護者がその後、小学校のＰＴＡでも同様の企画を立てるという広がりもあるという。

「以前は、外商でも学習参考書と辞書を中心にやっていればよかった。でも、松山市内で一学年七〇〇〇〜八〇〇〇人いた子どもが、いまは四五〇〇人に減っている。今後さらに一五パーセントは減ると見られています。それに対応して松山堂書店も変化を続けています」

外商専業と紹介したが、実は二〇一五年四月に店舗も開設した。愛媛県美術館内のミュージアムショップだ。同美術館の企画展を主催する新聞社などに会期中の書籍販売を提案し、美術館との関係が深まったのがきっかけだった。

「美術館の学芸員というのは学者です。大学並みに本を集めてくれてありがたい、と喜ばれました」

それが発展して、美術書や一般書、さらにはミュージアムグッズを独自に仕入れて販売するショップにつながったのである。

「ぼくらからアピールして選ばれるようにならないとあかんと考えています。店の売り上げはそれほどでもないのですが、企画展ではよく売れるので、一体のものとして運営している。オリジナルなしくみです」

光永さんは「学校や地域とつながっている書店は、将来も残っていくと思う。待っているだけではダメ」と語る。

書店の利用者から見ても、松山堂書店の取り組みは、街の〝インフラ〟たる書店の活用方法の示唆《しさ》になりそうだ。

ご用聞きに徹する元祖「複合型書店」

中山間地の「よろず屋さん」

出版市場の縮小と人口減少によって地方の小さな書店は、ますます営業が困難な状況に追い込まれている。だが、出版物を主力商品にしつつ、住民の〝ご用聞き〟に徹《てっ》したところ、扱い商品やサービスが徐々に広がり、地域になくてはならない存在となった書店がある。広島県福山市から車で一時間半ほど、中国山地の中ほどにある庄原《しょうばら》市《し》東城町《とうじょうちょう》のウィー東城店だ。

街の本屋ではあるものの、ウィー東城店には、化粧品売り場やエステルーム、さらには美容室まである。年賀状の取り次ぎから発展し、自ら印刷機を購入して印刷需要に対応したり、本格的な抽出機《ちゅうしゅつき》を導入してコーヒーを販売し、店内で飲みたいというお客のためにテーブル席を置いたりと、まさに〝よろず屋さん〟のように業態を変化させてきた。利益率の低い書店業を補《おぎな》うツールとして、複合化は経営にも好影響を与える。とはいえ、本の売り場を縮《ちぢ》めたわけではない。バックヤードを改装したり、建て増ししてスペースをつくったりして、新たな業種に対応した結果だ。あくまでもベースは書店にある。

「ウィー東城店」など２店舗を展開する「総商さとう」の佐藤友則社長

　誰にも真似のできなさそうな試みではあるけれど、書店を軸に町の再生、活性化にもつながりそうな、わくわく感のある斬新《ざんしん》な取り組みといって

下校中の小学生たちと会話を楽しむ佐藤さん

いい。書店が書店として生き残るヒントもありそうだ。隣町の神石高原町《じんせきこうげん》にある本店とともに二店舗を展開する「総商さとう」の社長、佐藤友則さん（四十歳）に二〇一六年秋、中山間地《ちゅうさんかんち》で営む新たな書店像を聞いてきた。

　東城町は、周囲を山々が囲み、その麓《ふもと》に町並みが広がっていた。山陽と山陰を結ぶ街道の宿場町《しゅくばまち》として発展し、かつては物流の要衝《ようしょう》だったという。旧道沿いには味のある古民家が並び、街道の面影《おもかげ》を残していた。大正時代に建てられたというモダンな建物もあった。観光地化はされていないというものの、歴史好きにはこたえられない魅力的な町だ。

　しかし、中山間地の町の例に漏れず、人口減少が続く。二〇〇五年に旧庄原市と六町が合併して庄原市となったころ一万人を超えていた東城町の人口は、いまや八〇〇〇人ほどになってしまった。商店街ではシャッターを下ろした店があちこちにあり、他の小売店にとっても厳しい環境にあることが見て取れた。にもかかわらず、ウィー東城店が存在感を示しているのはなぜか。

午後三時すぎ、ウィー東城店の店先で佐藤さんと話をしていると、下校途中の小学生一〇人ほどがぞろぞろと歩いてきた。佐藤さんの顔を見るや、一団は「こんにちは～」とあいさつし、なかには学校での出来事を報告しているのだろうか、佐藤さんと話し込む女の子もいた。次にやってきた二人連れの男の子も、歩きながら佐藤さんに笑顔を見せた。

佐藤さんは「この町の子はいい子ばかり」と言いながら、自分の頭を指して「子どもたちにハゲーポッターと呼ばれているんですよ」と笑った。仲間内では「日本一ポジティブなハゲ」とも呼ばれているそうだ。でも、なぜハゲーポッター？　店頭で子どもらに手品を披露《ひろう》し、魔法使いのハリー・ポッターの友だちと称しているうちに、定着したニックネームなのだそうだ。

手品を実演してもらった。佐藤さんが絵本をめくると、キャンディーの絵が描かれていた。最後のページを閉じ、絵本を上下に振ると、本物のキャンディーがぱらぱらと落ちてきた。思わず「すごい」と喝采《かっさい》した。でも、それだけでは終わらせない。もう一度絵本を開くと、キャンディーの絵は消えていて二度びっくり。ほかにもさまざまな手品のバリエーションがあるそうだ。

「親といっしょに来店して、あれが欲しいこれが欲しいと泣きながら帰って行く子がいました。泣かせたまま帰したくない、本屋を楽しい場所だと感じてほしい、と思ってはじめたのが手品です。やってみたら効果てきめん。キャンディーをなめながら、楽しそうに帰ってくれるようになりました」

佐藤さんの心遣いが染みいる。こんなふうにずっと触れあってきたのが、下校中の小学生らだったわけだ。

「サードプレイス（第三の居場所）という言い方がありますよね。学校でも家でも解決しないことがあります。だから、小さな子が集まり、本に触れて、大人になって『あの本で救われたんだよな』と思ってもらえるような場所にしたかった。本好きの人には、原風景として本屋のいい思い出があるものです。本を好きになってもらうための試みはいろいろありますが、それ以前に、本屋を好きになってもらうという段階が抜けていた。うちの店は本好きの原風景になりたいと考えているのです」

子どもたちとの関係をこの目で見て、佐藤さんの思いは確かに伝わっていると思えた。

一〇〇年以上前から続く老舗書店

ウィー東城店を拠《よ》りどころにしているのは子どもだけではない。高齢者にとっても頼れる存在だ。いや、むしろ高齢者のために、店の形態を変容させてきたといっていい。

その説明をするには、書店の成り立ちからはじめなければならない。

佐藤さんが生まれ育ったのは、隣町の神石高原町だ。実家は一八八九（明治二十二）年に創業した「総商さとう」。〝総商〟の店名どおり、出版物をベースに生活雑貨やたばこなどを扱うよろず屋として出発した。現在は、書籍・雑誌と文具、化粧品、たばこ、それに新聞販売店を兼業する。出版業界内でＣＤやビデオレンタルなどを扱う書店を「複合型書店」と呼ぶようになったのは、一九八〇年代以降のこと。だが、総商さとうは一〇〇年以上前から「複合店」として営業してきた大先達《だいせんだつ》である。

佐藤さんは子どものころから、この店を継ごうと考えていた。「新しもの好きのチャレンジャー」として仕事に勤しむ、総商さとう三代目の、父親の洋さん（六十九歳）の背中を見てのことだ。しかし、佐藤さんが高校生になったとき、「継がなくていい」と告げられた。「さすがにたいへんな時代になってきた。自分の代で終わりと考えたのでしょう」と佐藤さんは振り返る。だが、洋さんは考えを変える。

「ぼくが大学生になったころ、父が参加した経営者の勉強会で、一店舗ではもたない、次代のためにも新しい店を出店したほうがいいと聞き、考え直したようです」

新店舗は一九九八年七月、神石高原町より人口の多い東城町の、駅近くにできたバイパス沿いに開店した。売り場も本店の四〇坪よりも広い一〇〇坪と、この地の書店としてはかなりの大型店だ。店の看板には「本・ＣＤ・化粧品・文具」と掲げる、本店同様の複合店である。メインの出版物の売り場は六〇坪を確保した。

一方、佐藤さんは名古屋の書店「いまじん」で修業を積んでいた。一年で修了となるところをいまじんの社長から「これではものにならない」と、もう一年、修業を続けるよう言い渡された。「能がなかったのです」と佐藤さんは苦笑する。

だが、突然転機が訪れた。父親から「店がたいへんだから帰ってこい」と告げられた。ウィー東城店を任されていた店長をはじめ、ほとんどの従業員が退職するという話になっていた。

佐藤さんは、書店修業を一年半で切り上げ、二〇〇一年七月に店長に就いた。店は荒れに荒れ、売り上げも低迷。町内の評判も悪く、いつ潰れてもおかしくないと噂されていた。

「いままでの従業員がほとんどやめてしまったので、ある意味、ゼロからの出発になりました。最初の三年は無我夢中でしたね。当時から景気は右肩下がり。悪くなるのは当たり前、よくなれば儲けものという気持ちでした」

店内にある美容室を切り盛りする妻の恵さん

手探り状態が続いたものの、父親のマインドを継承し、本だけにこだわらず、利益率の高いもの、付加価値の高いものを取り入れる複合化をいっそう推し進めることにした。ビデオのダビング、印鑑の製作、年賀状の宛先の入力や店内での印刷と、次々と業務は広がっていった。

エステや美容室は、化粧品販売からの発展型だ。佐藤さんの妻の恵さん（四十一歳）はもともと美容師だった。佐藤さんと結婚し、化粧品売り場を切り盛りしていたものの、美容室もやってほしいというお客の要望を受け、手放したと思っていたハサミをもう一度、握った。いまや数カ月先まで途切れることなく、予約が入るほどの繁盛店となった。

「美容室では、店頭ではなかなか開けない付録付きの雑誌や厚手の月刊誌などを見てもらえるようにしています。カットの合間にじっくり読んだお客さまがその雑誌を買ってくださることもあり、最近は『暮しの手帖』や『大人のおしゃれ手帖』が人気。ダイエット本の『魔法のパッド』シリーズも好評です」（恵さん）

エステや美容室も、書店と親和性があったわけだ。美容室のカットチェアは一つだけ。気兼ねなく話のできるお客と恵さんの一対一の濃密《のうみつ》なつきあいも一役買っているようだ。

本屋が開く地域の無限の可能性

もうひとつ、佐藤さんが店の建て直しのために全力を尽くそうとしたことがある。「ぼくが帰った当時は、お客さまに支持されていない店でした。『何でもやります』という店になったのは、お客さまに信用してもらいたいという気持ちからはじまったことです」と振り返る。

本の注文には徹底的に応えた。すでに市場から消えた本をすぐに読みたいという要望があれば、他の店を回って探した。見つからなければ、個人や業者の出品するアマゾンのマーケットプレイスで注文し、お客に届けた。予約をもらっていたのに一冊も入荷しなかったベストセラー書があれば、福山市まで車を飛ばし、大型書店で購入して手に入れた。

「本というのは、ものごとを解決するためにアプローチする手段でもある。ぼくたち書店は、売ることがゴールだと勘違いしているところがありますが、一〇〇冊売ったといっても自己満足にすぎません。お客さまにとって、本を買って終わりではなく、読み終わってはじめて面白かったとか役に立ったとか思うものです。いままでの書店はそのことを考えず、店頭にあるものを売りっぱなしにしていた。ぼくは売って終わりというつきあいを変えようと思ったのです。それがご用聞きでした」

ご用聞きも日常の関係があってのこと。来店者には、目を見てあいさつする。よもやま話をしたり、相談事があればじっくりと耳を傾けたりする。従業員みんなが佐藤さんにならった。私が訪問したときも、お客と店員が和《なご》やかにやりとりし、「今日見た新聞にあった本を買いたいのだけど、書名を忘れたのでいっしょに探してくれる？」と高齢の女性に頼まれ、親身に対応する姿も見られた。

要望は次第に本だけにとどまらなくなる。「あの店なら何でもしてくれる」と評判が立った。ある日、風呂敷に包んだ大きな荷物を持って高齢者がやってきた。持参したワープロを修理してほしいという頼み事だ。メーカーに問い合わせたところ、古い機種だったので、すでに販売中止になっていて、修理もできないということだった。パソコンに移行しようにも、「八十を過ぎてようできんわ」というお客のために、佐藤さんは最後の手段としてアマゾンの出品者に頼り、代替機を購入した。無事、いままでと同じようにワープロを使えるようになり、喜んでもらえたそうだ。

「ぼくにとっては楽しい仕事です。断ったら、どうなるかなという心配もありました。日ごろお世話になっている恩返しのつもりです。実費だけをいただいていたのですが、どうしてもお礼がしたいという方もいたので、実費にプラスして五〇〇円をいただくことにしました。この額なら高すぎることも安すぎることもなく、お互い割り切れるかなと思ったのです」

事務所には、カボチャやピーマンがぎっしり詰まったビニール袋があった。お客からとにかく受け取ってほしいと渡されたものだそうだ。

家系図をつくってほしいという要望もあった。さすがに無理だと思ったものの、毎晩遅くまでパソコンに向かい、完成させた。数万円で引き受けたものの、専門業者に頼めば二〇万円はかかることを後で知った。まさに商売っ気なしだ。

佐藤さんにとって印象深いのは、九十歳の女性が自分史をまとめたいと原稿用紙四〇枚ほどの原稿を持ち込んできたことだ。「あなただったら信用できるし、それに本屋さんでしょ。原稿を間違えていたら直してよ」と頼まれた。

「そんなふうに言ってもらえるなんて、本屋のブランド力というのはすごいものだなと思いました。この仕事だけは無料で引き受けました」

ただ、この本は完成しなかった。女性はその後、体調を崩して施設に入ることになってしまったからだ。佐藤さんは、話をしながら残念そうな表情を浮かべていた。


佐藤さんが心がけているのは、できるだけ他の商店に影響を与えないことだ。一部の商品やサービスは被《かぶ》るものの、街から消えてしまった商店の代わりを目指した。ただ、ウィー東城店が出店したときには、東城町にも書店があった。先方は外商が得意な店だったから、佐藤さんは店売りに徹した。共存共栄のためだ。店頭にない本があれば互いに融通《ゆうづう》しあう仲にもなっていたという。

「おじいちゃんやおばあちゃんの『あんた何とかしてくれ』という要望を聞き、ゼロをイチにする。するとみんなに喜んでもらえます。複合化は足し算です。そもそも本屋には多様性がある。衣食住、生老病死すべてにかかわる本を扱っている本屋だからこそできることです。本屋が町にあるからできたしくみであり、町の人の要望の集約先として最適だった。本屋には無限の可能性があります。地域コミュニティの接着剤のような仕事ができるのです」

近くの町の社会福祉協議会で店の取り組みについて講演したところ、そういうことができるのかと、驚愕《きょうがく》されたという。社協側も大いに刺激を受けたようだ。

「本屋として生き残りたいけど、それ以上に地域では困ったことが起きています。地元の人に役立ってもらえたなら、こんなに嬉しいことはありません」。こう語る佐藤さんは、移動販売のような利用者を町の周辺にも広げる、ご用聞きに徹した次の一手も構想中だ。

「POS」が変えた本の売り方

近代化の功罪

ネット回線を通じてホストコンピューターとつながり、販売データの蓄積や売れ行き動向の分析を可能にしたＰＯＳ（販売時点情報管理）レジが書店で使われ出したのは、ほぼ一九九〇年代以降となる。小さな書店も含めて広範《こうはん》に利用されるようになったのは、比較的最近のことだ。

かつて書店は、機械式のレジに手打ちで価格などを打ち込み、店を閉めた後、書籍に挟み込んである短冊様《たんざくよう》の売り上げカードを集計して単品ごとの販売部数を摑み、仕入れに生かしてきた。出版社も売れはじめの勢いを見たり、重版時期を予測するために、一枚五円とか一〇円の報奨金《ほうしょうきん》（手数料）を払って書店から短冊を集めたりしていたものだ。講談社のように、年間数億円をかけ、約五〇〇〇店から即日、カードを宅配便で回収してデータ化するところもあった。

それがＰＯＳレジの普及によって、バーコードリーダーで書籍の裏面をさっとなぞって商品名や価格を読み取り、瞬時にデータが蓄積されるようになった。単品管理が楽になり、定番書が品切れになる前に、オンラインでつながる取次に自動的に発注したり、データ分析によって気がついていなかった売れ筋を発見したりと、威力を発揮している。出版社も手元のパソコンで書店の売れ行きを見られるようになり、企画の立案時に、同じ著者や類書の動きを見て、部数が見込めるかどうかの判断材料にすることも一般化した。

「ABC管理」というデータの見方が本格的に意識されるようになったのも、POSの効用が知られるようになってからだ。たとえば、店頭で販売する二割のアイテムで売上高の八〇パーセントを達成し、上位四割で九〇パーセントを占めたとすれば、最上位をAクラス、その次をBクラス、残りをCクラスに分けて管理し、Aクラスの書籍を重点的に販売すれば効果的だと考えられるようになった。

POSの効用はもうひとつある。置いていても売り上げに貢献しない「死に筋」の発見だ。効率化を徹底すれば、「死に筋」商品は店頭から消えていくことになる。

しかし、お客は売れ筋だけの棚に満足するかというと、そうでもないらしい。

ある書店が、似たような内容が多く、代替の利きやすいと考えた実用書の棚を「Aクラス」の商品だけで構成したところ、販売部数が激減し、ほどなく元の棚に戻した。担当者は「棚のなかで、いくつかの選択肢があるのと、一点だけ勧められるのとでは、お客さまの購買意欲に差があることがわかった」と振り返った。データの使い方を間違うと、痛い目に遭う。

近年、〝ランキング依存《いそん》〟という言葉が席巻《せっけん》している。データの活用によって全国の書店で売れ筋書が均一化し、売れる本はより売れ、ランキングに載らない本はすぐに店頭から消えていく現象だ。出版社も売れ線狙いで、似たような企画を量産し、冒険を厭《いと》う傾向が増している。結果、二極分化が進み、書店の売り上げの下支えをしてきた多様な書籍が日の目を見なくなった。売れ筋ばかりに傾注《けいちゅう》することで、全体の売り上げが減っていく負の連鎖《れんさ》だ。

ふた昔以上前、首都圏近郊の比較的大きな都市の駅前にあった、POSを導入したばかりの地域一番店でこんな話を聞いたことがある。

「児童書売り場には、子連れの母親などお客がたくさん集まるので売れていると思っていました。ところが、ＰＯＳデータを見ると、ほかの棚よりも効率が悪かった。賑やかなわりに、販売に結びついていなかったのです。思い切って児童書を外し、ほかの売れ筋を置いてみたら、全体の売上高が伸びていきました」

「死に筋ジャンル」を発見したということだ。

残念ながら、この書店は、数年前に閉店してしまった。いろいろ事情があったのだろう。だが、数字だけを見て、児童書を切り捨てたツケが回ってきたのかもしれない。界隈《かいわい》の子どもらは、本屋になじむことなく大人になり、書店の存在を忘れてしまったのではないだろうか。

データ販売を徹底したとて、理屈通りに行くわけではない。買い手の心理は、一筋縄ではいかないようだ。

本との出合いの場「おはなし会」

東京・練馬区の都営地下鉄大江戸線練馬春日町駅から歩いて数分、文化堂書店はシャッターを閉じたままの商店が点在《てんざい》する街の一角で営業する。店の正面は二間ほど。道路に面して雑誌棚があり、絵本塔が立つ。ガチャポンもあった。なかに入れば、ウナギの寝床ふうの奥行きのある売り場になる。真ん中を棚が貫き、店に入って一周すれば出口という、三〇～四〇年前ならどこにでもあったような街の本屋の情緒《じょうちょ》を漂《ただよ》わせる。並べてあるのも雑誌、文庫、コミックスがメイン。敷居の低い、近所で買い物を済ます商品が中心の典型的な「最寄り型書店」だ。だが、文化堂書店の最大の特徴は、一六坪という小振りな店舗にもかかわらず、子ども向けの本が充実していることだ。それも、児童書専門書店のような、どこか気どった教育的な雰囲気はなく、小学館の『小学一年生』の幟《のぼり》が掲げられていたり、子どもの描いたドラえもんや、かいけつゾロリなどのキャラクターとともに「読書の秋　みんなで本を読もう」という手描きのポスターが貼ってあったり。その猥雑《わいざつ》さに懐かしさを覚える。

目を惹いたのは「毎月第4土曜日は『子ども読書の日』」のポスターだ。文部科学省作成の「4月23日は『子ども読書の日』」のポスターの「4月23日」のロゴの上に、「毎月第4土曜日」とワープロ文字を貼り重ねてあった。年一回の一過性の催《もよお》しではないとアピールしているかのようだ。

訪問したのは、その第四土曜日の二〇一五年十月二十四日だ。店の両脇には自転車が一〇台近く並ぶ。片方の入り口には「絵本の読み聞かせ　おはなし会々場」という達筆の垂れ幕が掛かり、もうひとつの入り口には子どもたちが描いた「おはなし会80回」という文字とプログラム、そして絵本のカットなどが貼られていた。店内を覗くと、床にはゴザが敷かれ、座布団の上には小学生や学齢前の子どもがぎっしりと座っている。その周りでは、中学生や親らの立ち見もあり、人いきれでむんむんとしていた。

司会役の小学生が「これからおはなし会をはじめます」と宣言して会はスタートした。絵本のページを聴衆に向け、小学生らが物語を読みはじめた。この日取り上げた絵本は『ここがすき』『どうぞのいす』など五点。つっかえつっかえ読む子もいれば、大人顔負けに、流暢《りゅうちょう》に読み上げる子もいる。それを、身を乗り出して聴き入る子、よそを向きながら意識はお話に向けているらしき子。店の中央の書棚の向こう側では、棚の下側の吹き抜けから覗き込んで見ていたり、寝そべっていたり。めいめい会の雰囲気を楽しんでいた。

「おはなし会」の手づくりの案内板

最後は、いままで読んだ絵本の内容を尋ねるクイズタイム。問題を出すと、何人もの子がさっと手を挙げて、大声で答えたり、司会者がうっかり答えを言ってしまったり。

おはなし会が終わると、おやつを手におしゃべりがはじまった。本を購入する父親もいる。違う小学校の女の子と男の子らが「遊びに行こう」と自転車で出かけていったり、子どもどうしの交流が続いていた。

文化堂書店を切り盛りするのは、渡辺欣三さん（七十二歳）、教子さん（六十四歳）夫妻。ふたりは一切口出しせず、笑顔で見守っているだけだ。

おはなし会では、子どもたちが本棚の間にぎっしりと詰めかけていた

「社長さん」「ノンちゃん」と呼びかけられると、嬉しそうに会話を交わしていた。
「私は古い人間だから、お母さんが膝の上で子どもに本を読んであげるのがベストだと思っているんです。でも、それ以外の大人が〝読み聞かせ〟をするというのには抵抗がありました。子どもが子どもに絵本を読んであげて、それを聞いた子がイメージをふくらませる――。そんなふうに、子どもどうしで絵本を読み合うことで、今日はいい本に出合えたなあと思って帰ってくれれば、それだけでいいんです」。欣三さんは、おはなし会の意図をこう語る。
文化堂書店がはじめておはなし会を開いたのは、二〇〇九年三月のこと。第一回は、読み手二人に、聴衆八人というこぢんまりとした会だった。雨にたたられ、聴き手が渡辺さん夫妻だけということもあった。その後、月一回の定期開催を続け、六周年記念の回には、七〇人も集まるほどの盛大な会に発展した。
八〇回目のこの日は、読み手一二人に、子どもや親ら観客が三八人、合わせて五〇人が参加した。

「最初はどうなるかなと思ったんですが、二年ぐらい続けると、小学生だった子が中学生になり、次の子たちに引き継いでくれた。いま中心になっている四、五年生は三代目になります。赤ちゃんのころから聴きに来てくれている子もいるんですよ。やるからには、一〇〇回は続けようと思っているんです」

数年前、その子どもたちの発案で近所の老人ホームに慰問《いもん》に出向き、入所者を前に読み聞かせをした。これも定例行事となった。小学校の教員からは、おとなしかった子が授業で積極的に発言するようになったという評判も届く。

子どもたちが応援する本屋

文化堂書店の創業は一九七一年二月十五日。欣三さんは、親族の経営する東京・中野の文化堂書店に就職し、めきめき頭角を現す。持ち前の陽気さから、外商で大量の本を受注し、出版社の信頼を得ていた。その実績のもと、のれん分けで立ち上げたのがいまの店だ。教子さんとは開店九日前に結婚。以来、四十余年、二人三脚で書店を営むことになる。

新しい店でも外商活動を積極的に展開した。講談社が試験販売をするというので全冊揃いで六五万円にもなる『東洋陶磁大観《とうじたいかん》』をお客に勧めてみたところ、すぐに七人から予約を集め、講談社が本腰を入れて全国の書店で受注活動を開始するきっかけになった。この本の本格展開と並行して陶磁器の展示会も開き、何十万円もするものが飛ぶように売れていった。ジャポニカの愛称で一世を風靡《ふうび》した『大日本百科事典』（小学館）も三〇〇セット扱った。七〇〜八〇年代には、お客のもとに出向く巡回《じゅんかい》販売を皮切りに、豪華本や希少《きしょう》本などふだんは中身を見て購入しづらい出版物の封を解いて、店舗の二階やすし店のお座敷、銀行の会議室などで展示即売会を開き、大いに喜ばれたという。掛け軸や書道用品、ブロンズ像なども販売した。

「発想の先取りです。お客さまが何を求めているのかを考え、それを勧める。書店というのは人に接する仕事ですから、いい情報を仕入れてお客さまにお伝えしなければなりません。機械ばかりが先走って、自動販売機のような書店になってはダメだと思っています」

実は、文化堂書店のレジはいまだ手打ちの旧式だ。パソコンはなく、チラシはワープロ専用機でつくる。インターネットにはつながっていない。

やってきた地域のお客と、何でもないよもやま話を楽しみながら、最後にこれはという本を勧めると、面白そうだとかちょうど欲しかったと言って買ってくれるという。データに頼らず、人と人との関係で成り立つ商売を実践する。

子どもとのつきあいも、いまにはじまったことではない。創業したころから学校帰りの小学生や中学生が「ただいま」と言いながら駆け込んできたという。家を開放して、おしゃべり会やお絵かき会などを開き、保護者らに「文化堂に行っているのなら安心だ」と頼られるようになった。実子のいない渡辺さん夫妻は「ここに来る子はみんな私の子どもみたいなもの。だから責任があるんです」と言う。商売っ気なしに、街のオジさん、オバさんとして、子どもたちを見守り続けてきたわけだ。地元を離れた子が、大人になってからひょっこりやってくることもある。

一九八九年には、イベントを立ち上げた。「文化堂まつり」と銘打ち、夏休み最後の日曜日、店の真向かいの公園で手作りの出店を開くなど「親子がわいわいがやがや楽しめる」場となった。四年目には、街全体のお祭りにしたいと近所の商店主らに頼まれ、商店会主催の行事に発展した。「面白いよね。お祭りって」と欣三さんが言うと、教子さんが「自分が子どもだからね」と笑いながら合いの手を入れた。

文化堂書店の渡辺さん夫妻。ハロウィンの仮装行列のあとで

「当時、人生の折り返し地点になり、これからは地域にお返しをしていこう、という思いではじめたことです。お客さまも手伝ってくれて楽しい時間を過ごせました。計算も何もありません。本はどこの本屋で買ってくれてもいいんですよ」

ただ、商店会主催のお祭りは二〇〇七年まで続いたものの、中断してしまう。そこで店独自のイベントとして再開したのがおはなし会だった。

もうひとつ、二〇一三年からはハロウィンの仮装行列もはじめた。最初は近所の商店に声を掛け、それらの店々を回った。翌年にはうちにも来てほしいと、次々声が掛かり、個人宅も訪問するようになる。

三年目のハロウィンに同行させてもらった。黒マントを羽織《はお》った欣三さんが二六人の子どもらを引率《いんそつ》して一〇カ所以上の店や個人宅をまわり、一時間後には、どっさりとお土産を抱えて帰ってきた。

このとき「文化堂書店　こども応援団」というプラカードを持っている子がいた。書店が子どもを応援している意味だとしても、ちょっと変な表現だなと思って、その子にどういうこと？と尋ねると、書店を応援している子どもの集まりという意味だと教えてもらった。子どもらの〝文化堂愛〟の表現だった。

文化堂書店の開店当時は、半径一キロメートル以内に、一〇坪から三〇坪ぐらいの小さな書店が一一軒あったという。いまは一店だけになってしまった。「書店どうし仲がよかったんです。店に本がなかったら、融通しあったり、お客さまを紹介したり。昭和の時代はよかったですね。うちはやりたいことだけをやってきました。お祭りやおはなし会など先に社会に奉仕《ほうし》すれば、結果は後からついてくるんですよね」と、欣三さんはしみじみ語る。

数字を見ることはとても大事だ。でも、文化堂書店には、数字だけでは計れない、人の心に染みる繊細《せんさい》な心配りの大切さも教えてもらった。

第3章 街の本屋の挑戦

「まちの本屋の最高峰」を目指して

品揃えと売り場作りで個性を生み出す

熊本市の長崎書店は、熊本城にほど近い上通《かみとおり》アーケード街という繁華街のなかほどにある路面店だ。同じ通りには大型店の金龍堂《きんりゅうどう》まるぶん店があり、少し足を延ばせば一二〇〇坪と市内最大級の売り場面積を誇り、九州全体でも売り上げ上位に位置する蔦屋《つたや》書店熊本三年坂店がある。金龍堂、蔦屋書店を覗《のぞ》いてみると、多くのお客が来店し、とりわけ蔦屋書店はひしめくほどに繁盛《はんじょう》していた。

そんな書店激戦区にある長崎書店は、一八八九（明治二十二）年創業の老舗《しにせ》ながら売り場面積一〇〇坪と、街の本屋としてはやや大きめの規模にすぎない。けれども、競合する大型店に伍《ご》するような賑わいだった。熊本地震の前年、二〇一五年夏に見た景色だ。

長崎書店は「まちの本屋の最高峰」を標榜《ひょうぼう》し、時代のセンスを取り入れた先進的な取り組みで出版関係者や書店好きの注目を集める店である。だが、その長崎書店にも苦難の時代があった。

現社長（店長兼任）の長﨑健一さん（三十六歳）は、いずれは家業を継ぐつもりで東京の青山学院大学経営学部に進学した。勉学に励《はげ》みつつ、修業の一環として都内の書店でアルバイトをしていた。大学の近所には青山ブックセンター（ＡＢＣ）の本店があり、この店のスタイルをひとつの目標にするようにもなっていた。ＡＢＣは、芸術書やデザイン書、海外文学書、人文書など硬めの書籍を豊富に揃え、六本木店は深夜型のオフィスや住人のために、早朝まで営業するなど、独特の存在感を醸《かも》す書店だ。

だが、実家の書店の経営が厳しくなり、長﨑さんは東京での学生生活を諦《あきら》めざるを得なくなる。銀行からの借り入れの返済、取次への支払いなどに苦しんでいた。二〇〇一年、大学三年の終わりに中退し、熊本に戻った。

「子どものころから家が書店であることを誇らしく思っていた。書店は自分のアイデンティティそのものでした。経営学部に入ったのも店を変えたいと考えてのこと。このままでは大事な何かをなくしてしまうと思ったのです」

帰ってみると、経営環境は激変していた。

「まわりにどんどん大きな書店ができて、売り上げが落ち続けていました。店の設備も老朽化していた。現場のモチベーションは下がり、暗い表情でマイナスの発言ばかり。ぎすぎすした雰囲気に、ショックを受けました」

長﨑さんは、事実上の店長として再建に取り組んだ。いずれ店舗をリニューアルするつもりで、街の本屋として定評のあった福岡市のブックスキューブリックや鳥取市の定有堂書店、東京・千駄木《せんだぎ》の往来堂書店をはじめ、全国の書店を訪ね歩いた。

敷居は低く、深みと奥行きのある店を

転機は二〇〇五年にやってきた。支払いの遅延《ちえん》を理由に、取次《とりつぎ》からこのままでは取引ができないと宣告され、尻に火が付いた。熊本県から「経営革新計画」承認のお墨付きを得て銀行融資を受けるために奔走《ほんそう》することになる。事業計画書には、いままで見てきた書店の取り組みを参考に、店舗の刷新案《さっしんあん》をまとめた。計画は認められ、ぎりぎりで間に合った。

「もともと目指していたのは青山ブックセンターでしたが、実際に手本にしたのはブックスキューブリックや往来堂書店のような、小さくて立地的にも恵まれているわけではない書店でした。楽しく仕事をしているスタッフがいて、客として棚を眺めても、一時間でも二時間でもいられるような楽しい場所です。こういう書店があるというのは、私にとっては希望の光だった。モデルがあったからこそ、頑張れたようなものです」

リニューアル資金は五〇〇〇万円。「昭和の書店」をがらりと変え、ブラウンを基調にした棚とクリーム色の壁、木目調《もくめちょう》の天井でシックさを漂《ただよ》わせる内装にした。デザインしたのは、二〇〇一年に福岡市で創業したブックスキューブリック（一七八ページ）の内装を手がけた、キューブリック店主のつれあいでもあるデザイナーだ。同時に、一三〇坪あった店舗の一部を賃《ちん》

貸《たい》に出し、売り場面積を縮小した。

学習参考書や中途半端な品揃えになっていた農業書や工学書などの専門書は、思い切って外した。近隣の書店に大きなコーナーがあるので、利用者も困らないだろうという判断だ。アダルト雑誌や成年向けのコミックは、いままで何となく置いてきたものの、あえて扱わなくてもいいと考えた。一方で、街の本屋であるからこその役割として、最寄り品に近い通常の月刊誌や週刊誌、文庫、コミックはしっかり置くことにした。

長崎書店の社長・長崎健一さん

売り場の一角には、原画展や絵画展、トークショーなどを開けるスペースとして五坪ほどのギャラリーを設《もう》けた。一定のクオリティを保つために、貸しスペースではなく、自社企画にこだわった。はじめての経験であり、当初は「てんぱった」ものの、熊本では作家どうしのつながりが強く、出版社の協力も得て、順調に運営できるようになる。一点五万〜一〇万円の原画が月に七、八点売れることがあるほどの人気企画も現れた。徐々に「文化発信」の場としてギャラリーは定着していった。
新生長崎書店の最大の特徴は、書籍の品揃えにある。「老舗としての揺るぎない信念、わきまえを持ちつつ、時代のトレンドを感じさせる」商品構成を目指した。特化したり専門化したりするのではなく、「一般書を深めて行く」方向だ。

　売り場はこんなふうになっている。店の外には、週刊誌や子ども向けの学年誌が並び、絵本塔が立つ。街の本屋の定石《じょうせき》だ。入り口を入ると、左側すぐが美術書やデザイン書、写真集のコーナーとなる。ＡＢＣテイストだ。右側は文芸書や人文書、それに地元作家の石牟礼《いしむれ》道子《みちこ》や渡辺京二《きょうじ》、水俣病《みなまたびょう》関連など、熊本ゆかりの本や郷土本が収まる。このふたつが長崎書店らしさを表現しているコーナーとなる。

　左側奥の窓際は、児童書と女性向けのファッション誌の売り場。店の中央では、衣食住などライフスタイル関連の雑誌や書籍でひとつの〝島〟をつくる。雑誌を入り口近くではなく、店内の中ほどに置くのは往来堂書店を手本にした。その右側がギャラリーや文庫売り場。オシャレな文具やグッズも置いてある。向かいのビジネス書や総合雑誌の置かれたスペースを抜けて最奥《さいおう》に進むと、精神世界書が棚四本分並んでいた。このジャンルに得意な店員がこつこつと棚を耕《たがや》す。三万円、四万円とまとめて購入するお客が付いているそうだ。

　長崎さんは「敷居は低く、深みや奥行きのある店づくりをした」という。ふつうの本屋だと思って店内に入ると、意外な世界が広がり、何時間でも棚を眺めていたいと思わせる演出だ。

　出版社企画の〝夏の文庫フェア〟のパロディからはじまった長崎書店オリジナルの「Ｌａ！Ｂｕｎｋｏ」フェアも毎年定期的に開く。熊本ゆかりの一〇〇人に一点ずつ選んでもらい、全一〇〇冊を並べるイベントだ。初回の二〇一〇年は計一八〇〇冊が売れたという。

改装前と改装後では、何がどう変わったのだろうか。仕入れは、取次が選書した配本を活用しつつ、基本的には担当者の目利きによる事前注文と、発売後、見落としていたタイトルの追加発注で棚を構成するようになった。最初は、慣れない業務に従業員が付いてこられず、前年より売り上げを落としたものの、次第にスキルを持った従業員が加わり、数年にして溜まっていた取次の未払い金を完済するほどの業績となった。その後も、前年を上回り続け、二〇一四年は対前年比一〇七パーセントと好調。ジャンル別では、文芸書が六〇パーセントもの伸びとなった。右肩下がりを続ける出版市場にあっては、驚異的な数字といっていい。

2014年７月に再開店、明治７年創業でレトロモダンな雰囲気の長崎次郎書店

　新たに支店も加わった。本家筋にあたる長崎次郎書店が二年前に休業し、長崎書店が屋号を引き継いだ。長崎次郎書店は一八七四（明治七）年の創業で、森鷗外の『小倉《こくら》日記』にも登場する熊本最古級の老舗だ。一九二四（大正十三）年に創建されたレトロモダンな建物は、国登録の有形文化財に指定され、地域のランドマークとして親しまれてきた。その外観を生かし、店内も落ち着いた内装とし、二階には、

長崎さんのまたいとこが切り盛りする長崎次郎喫茶室もオープンした。喫茶室では、コーヒーを飲みながら読書に浸《ひた》ることもできる。

ただ、同じ熊本市内とはいえ、昔ながらの商店街のなかにあり、商圏は限られてしまう。まさに街の本屋の主戦場らしい立地である。

「休業前の十数年は、政府刊行物などを扱い、役所や企業が主な顧客でした。一般の人向けの本屋としては機能していなかったので、街の本屋として新たにスタートしたようなものです。若い人は長崎次郎書店で本を買ったという体験がないので、五年、一〇年ぐらいを掛けて定着させたいと考えています」

近所の中学校が実施している職場体験を受け入れたところ、二人の募集に対して五三人の生徒が希望する人気となった。再開店から一年を経て、少しずつお客が増え、街の本屋として認知されつつあるようだ。

「長崎書店は、マンガだけ、週刊誌だけを買うお客さまもいる、あくまでも街の本屋です。その上で、あるレベルの見識《けんしき》を持ちつつ、マイルドに本を見せていく工夫をして、自然なたたずまいのなかに驚きと発見のある本屋にするのがいいのかなと思っています。当たり前のことを我慢して地道に続けていくことが、揺るぎのない書店となる近道なのではないでしょうか。まだまだ工事中。正解はないのですが」

長崎さんは、いままでの取り組みをこう振り返る。全国の特徴的な街の本屋を凝縮《ぎょうしゅく》したともいえる長崎書店は、これからも地域の読者のために進化と変化を続けるに違いない。

書店が手を結んだ協業組織「ＮＥＴ21」

見せかけの「成長」が続いたカラクリ

出版産業の総販売額がピークを迎えたのは一九九六年のことだ。九〇年代はじめにバブルが崩壊しても成長が続いていたことから、出版は不況に強いという、もっともらしい言説《げんせつ》が流通したものである。だが、〝幻想〟は打ち砕かれる。その後、ほぼ一貫して右肩下がりを続け、いまや販売額は最盛期の三分の二以下だ。

ならば、街の本屋の苦境はピークを過ぎた九七年以降に深刻化したかと言えば、そうではない。九〇年代に入ったばかりのころ、新刊書店の全国組織、日本書店商業組合連合会（日書連）は、書店の閉店が年間一〇〇〇店に達していると訴えた。その多くが中小零細規模の書店だ。ではなぜ、九〇年代半ば以降まで出版産業が伸長を続けたのだろうか。

当時、売り場面積一〇〇〇坪を超える大型書店の新規開店が徐々に増えはじめた。通例、取次は、新規書店の初期在庫の支払いを数カ月先延ばしする（業界用語では「延《の》べ勘《かん》」ないしは「延べ勘定」と呼ぶ）などして、立ち上げを支援する。ところが、大型書店の一部では、数年間、初期在庫の支払いを猶予《ゆうよ》するなどの優遇策が採《と》られていると言われていた。そして数年後、また大型の新規書店が開店する。初期在庫分の精算時期が近づき、その支払いを繰り延べるための「飛ばし」ではないかとまで囁《ささや》かれた。

独立系の大型書店を経て大手チェーンとかかわりを持ったある経営者も、私に「何年とは言えないけど、ほんとうに数年延べ勘というのがあったんだねぇ」と話してくれたことがある。噂はほんとうだった。

大型店の出店で市中在庫が増え、取次段階で見かけ上の売り上げが立ち、成長が続いていたかのように、私を含め皆が錯誤《さくご》していたのが、九〇年代の出版市場だったのだろう。しかし、その〝恩恵〟に与《あずか》れなかった街の本屋は、バブル崩壊と軌《き》を一にするように大量閉店・廃業がはじまっていたのが実情であったわけだ。

日書連加盟店数は一九八六年の一万二九五三店をピークに三〇年連続減少し、二〇一七年には三五〇四店になっていた。日書連傘下の東京都書店商業組合を見ると、一九九〇年に加盟一四〇〇店を超えていたのが、三三六店（二〇一七年四月現在）にまで減った。日書連には、すべての書店が入っているわけではないけれど、組合書店の多くが中小零細書店だ。日書連の衰《すい》退《たい》は、街の本屋の衰退の反映である。

街の本屋の苦境を見越し、先手を打ったのは、東京・目黒区にある恭文堂《きょうぶんどう》書店社長の田中淳一郎さん（五十三歳）だ。田中さんは九〇年代半ば、街の本屋が手を携《たずさ》える任意団体として「NET21」を立ち上げた。その経緯を尋《たず》ねに二〇一六年の夏、恭文堂書店に赴《おもむ》いた。

九〇年代半ば、書店と取次、出版社がオンラインでつながるPOS（販売時点情報管理）レジが徐々に一般化しつつあった。田中さんは、取次系のPOSレジを導入しようとしたものの、書店に販売情報がフィードバックされないなど、物足りなさを感じた。書店のPOSデータは、取次や大手書店レベルで集約され、出版社に販売されていたものの、異なる法人の書店の間では通常、データを見ることはできない。田中さんは、思い切って、書店主導で開発されたPOSシステムを導入した。

本棚を模した恭文堂書店のユニークなシャッター

「先月、何が何冊売れたのかがわかれば、取次と仕入れ交渉ができるようになるはずでした。でも、これだけ売ったと言っても、取次は『参考にします』と言うだけ。一店舗だけでやってもダメ、グロス（総計）で大きくしなければと、知り合いの書店に同じシステムにしようと声をかけて、書店をネットワークしました。そのデータをもとに、なかなか手に入らないベストセラーの見込める新刊の配本を増やしたり、出版社に提案して『仕掛け販売』をしたりと、活動が派生していったのです」

転機は二〇〇一年に訪れた。独占禁止法の適用除外によって例外的に認められている出版物の定価販売制度（再販制）の見直しを進めていた公正取引委員会が、「再販制の弾力運用」を前提に、「当面存置《そんち》」の結論を出した。だが、田中さんはいずれ再販制がなくなり、値引き販売の原資となるマージン（利益率）を確保するのが課題になると考えた。

「そのためには、窓口を一本化して、扱い高を大きくしようと、協業組織のＮＥＴ21を法人化することにしました。別に、書店の協業化は、珍しくはありません。書店組合も（取次ごとの取引店で構成する）日販会やトーハン会も、協業組織と言えば協業組織です。ただ、かつてマージンをアップするなどの達成感を得て、それで何となくうまくいっていた時代もあったのですが、同じことをやり続けていると成功しているのか失敗しているのかわからなくなってしまう。書店が逓減《ていげん》してきたのは、同じことを続けてきたことも理由としてあるのです」

街の本屋同士が横につながる

法人化は二〇〇一年六月。一二法人一個人が出資して「有限会社ＮＥＴ21」が立ち上がった。しくみはこうだ。

仕入れ窓口を一本化するために、加盟書店をＮＥＴ21の支店扱いとした。ばらばらだった取引取次は栗田《くりた》出版販売（当時）に集約し、取次への支払いは各店ごとではなく、ＮＥＴ21の共同仕入れ口座にまとめ、スケールメリットを追求する。ＰＯＳレジを通じて集められた販売データは、それぞれの書店が互いに見ることができるようにした。

小規模の書店がまとまることで取次や出版社との交渉力は強まる。他店の売れ行きを把握《はあく》することで、販売の効率化と経験の共有が進む。売れていることを確認して仕入れに生かすだけでなく、売れていないことがわかれば早々に見切りをつけられるという効用もある。さらに、売れ行きや経営状況を参加店にすべて公開することで、互いに改善点を指摘し合ったり、売り上げアップの方策を相談し合ったりする環境も整《ととの》う。その目論《もくろ》みのほとんどは実現した。

恭文堂書店社長の田中淳一郎さん

「決算書もオープンにしています。隠したところで、似たり寄ったり。どんぐりの背比べのようなものです。銀行の借り入れをどうするかという話もざっくばらんにしています。取次や金融機関とのつきあい方は、ハウツーみたいなものですから」

加盟店の経営者が集まる定例会を月一回開き、さらに、店長会や文庫・新書・児童書・実用書などジャンルごとの担当者が集まる勉強会も頻繁《ひんぱん》に持って、成功事例を報告し合ったり、販売企画を練《ね》ったりしているという。出版社との窓口も一本化し、各書店に担当を割り振った。版元にとっても、担当一人と部数や売り方を話し合えばいいので効率化のメリットは大きい。

現在、NET21に加盟する書店は、北は青森、宮城、新潟から南は大阪、兵庫、岡山まで、全国二四法人三七店舗になる。街の本屋として全国区の知名度がある東京・千駄木の往来堂書店、近隣の競合店に伍《ご》して成長を続ける東京・西荻窪《にしおぎくぼ》の今野書店などもメンバーだ。

取引を集約することで、個店では売上高数千万円から一〇億円クラスの書店が一つになり、総売上高八四億円という準大手か中堅クラスの書店グループとして存在感を示すようになった。

その効果は、如実に表れている。

ベストセラー確実とも言える商品は大手書店に潤沢《じゅんたく》に配本され、街の本屋にはゼロとか数冊しか届かないのはよくあることだ。街の本屋に届くのは、大手に一通り行き渡り、売れ行きが落ち着いたころ。結果、売れ残りが出てしまい、なおさら次の売れ行きの見込める新刊の入手が困難になる悪循環に陥《おちい》っているというのが現実だ。

だが、NET21では、出版社との交渉の結果、たとえばベストセラー確実だった池井戸潤《いけいどじゅん》の『陸王』（集英社）の初回配本は、八六四部を確保。これを各書店の類似タイトルの販売実績に応じて振り分け、店頭に並べることができた。売り場面積八〇坪の恭文堂書店の場合は、初回一三〇部が入荷した。立地や規模が似通った他の書店と比べると、かなりの部数を確保したかっこうだ。加盟店どうしPOSデータを共有しているからこそ、各店納得ずくの配分だという。

二〇一五年、村上春樹の『職業としての小説家』の初版一〇万部のうち、紀伊國屋書店が版元のスイッチ・パブリッシングから九割を買い取って販売すると発表して話題となった。実は、NET21も相前後して版元と直取引の交渉を進め一定の部数を確保していた。大手書店と競い合い、目利きを発揮していたわけだ。

「街の本屋は風前のともしびです。東京でさえ、駅前に書店一店という街があります。NET21の書店店頭では、お客さんから『たいへんそうだけど、やめないでね』『ここがなくなると、本が買えなくなるから、頑張ってね』と声をかけられることもあります。最後に残った書店だからなのでしょう。寂しいし、複雑な気持ちになります。以前は圧力団体的な組織にはならないと言っていたんですが、いまはそうは言いません。独立系の中小書店が横につながって状況を変えていきたい」

アイディアマンである田中さんが温めている企画はさまざまある。地域の人々の書店として営業を続けようとするNET21の心意気を応援したい。

タカラジェンヌも立ち寄る地域密着店

では、地方のNET21加盟書店は、どんな取り組みをしているのだろうか。恭文堂書店の田中さんに紹介されたのは、兵庫県宝塚市のブックランドサンクス宝塚ソリオ店の野条郁二さん（三十九歳）だ。若手経営者として積極果敢に書店業に邁進《まいしん》しているという。さっそく会いに行った。

ブックランドサンクス（以下サンクス）は、阪急今津線《いまづせん》宝塚駅を出てすぐの「ソリオ」という第三セクターの運営する、ショッピングセンターとショッピングモールの中間的な商業施設のなかで営業していた。通路を覆《おお》うようなかたちでソリオの建物が建ち、その〝大通り〟を抜けて南に五〇〇メートルほど進むと宝塚歌劇団の本拠地、宝塚大劇場にたどり着くという好立地だ。

サンクスの売り場面積は八五坪ほど。立地を反映して女性誌やライトノベル、コミック、実用書、児童書、ライフスタイル系などに力を入れる。文芸書や硬派の書籍など他の分野も充実し、並んでいる商品の量は半端ではない。にもかかわらず、明るい照明と女性向けタイトルの彩《いろど》りによって、全体にやさしい雰囲気が漂っているのが印象的だ。

サンクスの最大の特色は、宝塚歌劇団関連の売り場だ。通路に面して可動式の棚三本を置き、そこから店内に誘導するようにレジ脇まで書棚と平台を展開する。年度版の『宝塚おとめ』を筆頭に、『歌劇』『宝塚ＧＲＡＰＨ』『宝塚イズム』『ザ・タカラヅカ』『ＴＡＫＡＲＡＺＵＫＡ ＲＥＶＵＥ』といった雑誌やムックが平台に大量に並んでいた。『宝塚おとめ』は、毎号四〇〇〜五〇〇〇部を売る稼ぎ頭だ。

さらに、『宝塚歌劇　柚希礼音《ゆずきれおん》論』『娘役』『男役』『タカラヅカ流世界史』『タカラジェンヌのすべて』といったタイトルとともに、歌劇団の演目から着想して中世ヨーロッパの騎士の軍服の写真集を置いたり、古代エジプトやギリシャ、イタリアの歴史物、源氏物語や少女マンガのガイド本、公演時に流れるクラシック音楽の解説書、上演したことのある演目の映画のＤＶ

Dを展開したりと、宝塚歌劇団の世界観を余すことなく表現する。

名作コミック『ベルサイユのばら』も当然あった。地元出版社である鹿砦社《ろくさいしゃ》が刊行する歌劇団のゴシップものも外さない。劇場内の売店はもとより、歌劇団の親会社、阪急関連の店でも販売していないから、なおさら売れるのだという。

訪れたときには、ボーイッシュな女性とフェミニンな女性の凜々《りり》しい二人連れが宝塚歌劇のコーナーを一通り眺めて本を購入していった。野条さんによれば、歌劇団員も上得意なのだそうだ。

「歌劇団のホームページを見ながら、舞台の原作はあるのか、関連書はあるのかと、発想を広げるようにしています。原作ものはよく売れ、いまならエリザベートやフランス革命ものが売れ筋です。遠くからやってきたお客さんから『さすが地元やな』と言ってもらえる。そういう声を聞くとほんとうに嬉しいですね」

　他の売り場も、時事に対応するなど臨機応変に動く。訪問したときには、「ジャパン碁《ご》コングレス」という世界中から囲碁《いご》関係者が集まる祭典を控え、「歓迎

ブックランドサンクス宝塚ソリオ店の野条郁二さん

光临宝冢（ようこそ宝塚へ）」と掲げて、囲碁コーナーをつくっていた。

サンクスがNET21に加盟したのは、二〇〇四年のこと。その数年前に、同じ場所で営業していた書店が〝黒字倒産〟し、野条さんの父親がかかわっているドラッグストアが居抜きで書店を継続した。会社員だった野条さんは、これを機に書店業に転じ、関連会社の書店で三年ほど修業した後、宝塚ソリオ店の店長となった。現在、同店は独立採算制を取り、野条さんが社長として経営も取り仕切る。

「ノーリサーチで飛び込んだので、出版業界がこれほどの斜陽《しゃよう》産業だとは思ってもみませんでした。考えていた以上に利益の少ない業種でしたね。でも、やりがいのある仕事です。自分で考えて並べた本が売れていくのは楽しいですから」

野条さんが意識しているのはお客との会話だ。話を聞いて、次はこんな本を買ってくれるだろうと考えながら仕入れに生かす。理想とするのは、お客の要望に応える地域密着型の書店だ。売上高は非公開だが、同規模の一般的な駅前書店よりもかなりの業績のようである。

NET21では多くの恩恵を受けているという。

「やはり情報の発信源は東京。ほかの店で何が売れているのか、似通った店のPOSデータを見て、新たな発想を得たり、情報を分析したりとネットワークを活用しています」

さらに、加盟店の経営者の会議だけでなく、店長会にも参加し、情報を仕入れる。

「他店の写真をスライドで見て売り方を考えたり、地方では知られていない売れ筋の雑誌を教えてもらったり。参加している書店それぞれに個性があるので、出版業界の勉強にもなります。もともとＢＬ（ボーイズラブ）も強みにしているのですが、たとえば類似店の井上書店（東京・昭島市）の話は、とても参考になりました。ＮＥＴ21は同業者の集まりを超えた仲間のようなもの。書店を続けるモチベーションになっています」

三坪の売り場からスタートした本屋

新潟駅から電車に乗り、約二〇分で信越本線と磐越西線《ばんえつさいせん》、羽越《うえつ》本線の三線が交わる鉄道の要衝《ようしょう》、新津《にいつ》駅に着く。ここから二キロメートルほど離れた、新潟市秋葉《あきは》区役所にほど近いショッピングセンター（ＳＣ）内にあるのが「本の店　英進堂《えいしんどう》」だ。恭文堂書店の田中さんに、お勧めの書店だと紹介され、二〇一六年十一月に見に行った。

仄聞《そくぶん》していたものの、壮絶な立地だった。道路で区切られた三区画にＳＣが展開し、英進堂のある区画には新古書店のブックオフ、道路を挟んだ隣のＳＣには蔦屋書店がでんと構えていた。それぞれの店には豊富に商品が並び、繁盛していた。新刊と新古本の店に挟み撃ちにあっているかのようなロケーションである。

英進堂の店内に入った。自動ドアが開いた瞬間、床に青のフェルトペンで書かれた線と文字が目に飛び込んできた。「英進堂は、１９５９年に新津で生まれました。（青ワクは、その当時の広さです。）」と。青線で囲まれているのは三坪相当。昔はこぢんまりとした店だった。そし

創業当時の売り場の広さが青ワクで示された英進堂の店内

ていまは二五〇坪。創業時の八〇倍以上の売り場がその先に広がっていた。

　レジ前には、売れ筋の新刊書や定番書が積まれていた。その書棚や平台《ひらだい》の下の床にも青文字で「オススメ本」「話題の本」などと書かれ、「コミック新刊↓あっちも」のようにお客の動線を意識した矢印まで引かれている。近くには雑誌コーナー。その脇にはテントが張られ、季節商品のカレンダーがぶら下がっていた。

　窓沿いの棚とその向かいの棚に挟まって独立した空間を演出する一角は「本の森」と称し、「安吾《あんご》」「八一《やいち》」「良寛」「郷土の本」など新潟ゆかりの人物の図書や郷土史などが置かれてある。さらに進むと「歴史」や「哲学」「世界」というように硬めの本が集められていた。

　反対側は生活実用系の棚だ。「おしゃれ」「運命」「人生」などと独自のジャンル分けがされていた。『サザエさん』の愛蔵版の隣に、趣味性の高いイラスト集があり、眺めるだけで楽しい棚だ。その棚の横には座り読み用のベンチが並ぶ。

「ミニミニ英進堂　本屋のオヤジの関心事」というコーナーも目を惹《ひ》いた。出版や本屋関連の本や作家の読書エッセイ、本屋を特集した雑誌のバックナンバーなどがあった。本好きならたまらないラインアップだ。

意外だったのは、「新刊話題の本」という看板がつるされた書棚が店のほぼ最奥にあったことだ。他の書店なら、もっと入り口近くに置くであろう、ポピュラーなタイトルが目立つ。その話題書の棚の裏側には「18禁」コーナーがひっそりとあった。

売れ筋の書籍・雑誌を入り口付近に集中させ、徐々に深みに導き、そしてまた奥の棚でメジャー系のタイトルを見せるというレイアウトだ。ベストセラーや雑誌をさっと買いたいお客は入り口近くで用が済み、少し前の新刊を探しているお客はさまざまな本のある棚を通り抜けて奥まで行き、じっくり眺めたいお客は変化に富んだ売り場を回遊できるという、絶妙なバランスが感じられた。

店内をひと巡《めぐ》りして、従業員に店主の諸橋武司さん（五十四歳）との面会を申し込んだ。私が入店したときから店内を行きかい、棚を整理していた、その人だった。

「レイアウトはちょっと前に変えたばかりです。取次からも手伝いに来てもらい、総勢二〇人で棚を移動しました。一日がかりの大仕事でしたよ。床に書いたジャンル分けはその名残《などり》です。近々、床もきれいにするのですが、そのあともまた書くつもりです」

よくできた配置だなあと思ったら、そういうことだった。

棚は臨機応変に移動できるようになり、訪問した前日には、改装記念のギターの投げ銭《せん》ライブを開いていた。ミュージシャンのファンや告知を見てきた人、たまたま来店した人など二〇人ほどが集い、演奏を楽しんだ。縦一列に連なっていた四、五本のベンチは、横に並べて奏者《そうしゃ》とお客が向き合うかたちにしたという。

もともとイベントには熱心な書店だ。鉄道員のお客から借りた、HOゲージという規格の鉄道模型を展示して店内に走らせたこともある。「えっ、ここ本屋なの？ と、お客さまを驚かせたい」と考えてのことだ。もちろん「鉄道」コーナーは、新津の書店ならではのものである。

お客らが一箱分の古本を持ち寄って販売する「一箱古本市」も企画し、二〇一三年来、定例化した。近所の県立植物園などが開催場所だ。手持ちのテントは一〇張ある。カレンダーのコーナーにデンとあったテントも、古本市のために購入したものだという。

「出店者がお互いの本を買いあって、帰りの荷物の量が変わらないなんてこともあります。それでもみんな楽しそうなんですよ」

「わざわざ寄りたい」店を目指して

英進堂が現在の場所で営業をはじめたのは二〇〇〇年のこと。本店三〇坪、駅前店五〇坪の店舗を集約し、規模を拡大した。「ふつうなら五〇坪の店を一気に二五〇坪にするなんてことはあり得ません。どうやればいいのか、途方にくれました」と、諸橋さんは当時を振り返る。ブックオフも蔦屋書店も後から出店してきたわけではない。蔦屋書店は九九年に開発されたS

Cの区画に先に入居し、ブックオフの開店とは同時だった。二重に常識破りの出店だ。

だが、幸先《さいさき》のいいスタートを切ることができたという。

「以前の店の客単価（お客ひとりの購入価格）は一二〇〇円以上。そのころの書店の平均が一〇〇〇円ぐらいだったので、よく売れていた。ここに移ったらもっと増え、一五〇〇円を超えるようになりました。雑誌に頼らない書籍中心の商売を目指したからです」

英進堂店主の諸橋武司さん

ただ、出版業界全体の総販売額の減少と連動するように、英進堂の売れ行きも厳しくなっていく。

「本屋の商圏は狭い。ふだん使いの日常のお店を目指しました。でもだんだんとお客さまが減ってきた。わざわざ来てもらえる書店にするにはどうすればいいのか考えましたね。週一回でも月一回でも英進堂に行けば何かいいものがあると思ってもらえるような。そのために、より広域のお客さまを呼べるような店づくりを進めました」

旧新津市の住人は旧新潟市志向が強く、西隣の五《ご》泉《せん》市や阿賀町《あがまち》津川《つがわ》（旧津川町）の人々は新津を目指す傾向がある。新津は鉄道の街として転勤族の出入りも激しい。「よそから来た方がいいお客さまになってくれる土地柄」にも気を配ったという。

「二〇年にテナントの契約が切れるので、ここを離れようかと考えているんです。そのときのために〝わざわざ感〟を醸す練習をしているのかな。立地に頼らなくなってからがほんとうの本屋だと思うんです」

朝八時から夜十時まで、ほぼ三六五日働きづめの毎日。外に出るのは月一回、NET21の会合に出席するための東京出張ぐらいだという。記憶の限り、新婚旅行で三泊四日、店を空けた以外、連休をとったのは一回だけというからすさまじい。ただ、五十歳になった一時期、無気力になった。その壁を脱し、いままた意欲がよみがえってきたそうだ。

諸橋さんは「苦しいけど、楽しい本屋の仕事」を八十歳までは続けると語る。発展する英進堂の棚を「わざわざ」見に行っても決して後悔することはないだろう。

街の本屋が単独で生き残るのは、容易なことではない。中小書店が手を結んで情報を共有し、ひとまとまりとなって仕入れをする――。地域のお客の購読環境を保証する意味でも、NET21は貴重な存在となっていた。

書店ニューウェイブ

読者の「カルテ」から一万円分を選書する

札幌《さっぽろ》駅から函館《はこだて》本線に乗り、特急で一時間弱、砂川《すながわ》市の砂川駅前に、いわた書店がある。売り場面積四〇坪の小さな店ながら、二〇一四年八月、お客の趣味・嗜好《しこう》に応じてお薦《すす》めの本を提案する同店の「一万円選書」がテレビ朝日系の深夜番組に取り上げられたところ大反響を呼び、その後、次々と注文が舞い込む全国区の書店として知られるようになった。そのいわた書店に二〇一五年六月、出かけてみた。

一万円選書のはじまりは、一〇年ほど前にさかのぼる。社長の岩田徹さん（六十三歳）が高校時代の同窓生が集まる会に出かけた際、書店の苦境を話し、それを聞いた先輩から「出張のときに読める本を見つくろって送ってくれ」と一万円札を渡されたのがきっかけだ。

「もしかしたらこれは、いけるのではと思いました。口コミで知られるようになり、ずっと続けてきました」

いわた書店の岩田徹社長。「一万円選書」は全国から注文が入る

ときどきマスコミにも取り上げられるようになった。ただ、すぐに熱が冷めるという繰り返しだったという。ところが深夜番組の反響は違った。視聴者のスマホ世代が「一万円選書」を急上昇ワードへと押し上げた。放送後一週間で三〇〇〇件の注文が舞い込み、いったん受注を中止し、年末までにすべてを送り届けた。二〇一五年一月三日に再開したところ、二十三日までに六六六六件に達し、再び受け付けを停止した。その後、一日に二、三件ずつ、こつこつと選書をして、ようやく残りが四〇〇件ぐらいになったところだという。

「二年前、父が亡くなり、妻の体調も悪くなり、気が弱くなって、もう本屋はダメかもしれないと思ったんです。知り合いの弁護士にどうやって軟着陸したらいいかと相談までしていました。そんなときのブレイクですから、妻も『本屋の神様ってほんとうにいるんだね』と喜んだものです」

岩田さんの選書の仕方は、とてもていねいだ。お客の仕事や関心事、よく読む雑誌、そして読書歴を聞き、さらにこんなことを尋ねる。「これまでの人生で嬉しかったこと、苦しかったこと」「何歳のときの自分が好きですか」「上手に歳を取ることができると思いますか」「これだけはしないと心に決めていることはありますか」等々。いわば、読者のカルテのようなものだ。答えをもとに本を選び、メールや手紙でお客と連絡を取りあい、その選書でOKとなれば、代金を振り込んでもらい、発送するという手順を踏む。

「店もあり、これだけやっていてはパンクします。決して効率のいいものではありません。お客さまのなかには、いつまでも待ちますからと言ってくださる方もいて、心苦しく思っていま す。でも、面白い仕事です」

店に合わない本はいらない

いわた書店は、取次がその店に合わせて自動的に送品する「配本」にほとんど頼らない。これはと思って発注した本ばかりだ。一万円選書も、基本的には自店で仕入れた店頭の在庫から選ぶ。

「本屋は自分で仕入れなくてはならない。それこそが選書です。一万円選書でお薦めする本も、自分で読んだ本か、少なくとも目を通した本です」

岩田さん自身、読書家だ。午前五時半に起きて一時間は読書の時間に充《あ》てる。余裕のあるときは店頭でも本を繰《く》る。二〇一四年までは、地元紙の「プレス空知《そらち》」で毎週一冊ずつ本の紹介を続けてきた。一〇年間で五〇〇冊だ。一冊の本を紹介するには、二、三冊は読まなければならないから、そうとうの蓄積である。

「一番のミソは、お客さまの読書歴を見て、そこにはない著者やジャンルの本を入れることです。ネット書店のお薦めと違うのは、人間が選ぶということ。お客さまとのコミュニケーションがあってのことです」

お客とのやりとりは、個人の内面に踏み込む作業でもある。なかには切々と悩みを綴《つづ》ってくる人もいて、そんなときは、相手の気持ちを受け止めるよう心がけているそうだ。「本を売るのは、最後の最後の名刺交換のようなもの」と岩田さんはほほ笑む。岩田さんの目利きと細やかな対応によって、一万円選書が成り立っているわけだ。

ちなみに、二〇一四年九月一日から一五年六月十九日までに店頭と一万円選書で販売した上位九点は、次のようになる。『静かな大地』（池澤夏樹、朝日文庫）三七一冊、『羆撃《くまう》ち』（久保俊治、小学館文庫）三三八冊、『手から、手へ』（池井昌樹、集英社）三一三冊、『田村はまだか』（朝倉かすみ、光文社文庫）三一一冊、『トリツカレ男』（いしいしんじ、新潮文庫）二四〇冊、『逝《ゆ》きし世の面影』（渡辺京二、平凡社）二二二冊、『嘘つきアーニャの真っ赤な真実』（米原万里、角川文庫）二〇八冊、『朗読者』（ベルンハルト・シュリンク、新潮文庫）一七九冊、『始祖鳥記』（飯嶋和一、小学館文庫）一七五冊――。以下、一般の書店ではなかなか目にしないような渋い本が並んでいた。

一万円選書の成功は、発想を転換する契機になったともいう。

「うちのような小さな本屋では、ベストセラーといえども、どんなに売れても一〇冊ぐらいにしかならない。でも一万円選書は、けた違い。ほかの書店の売り上げを奪うわけではなく、いままでの売り上げにオンした数字です。売れる本より売りたい本を扱ったら、実はお客さまもそれを求めていたのです」

岩田さんは、あらためて店頭での購入者数を数え直してみた。利用者は、街の人口に対して二パーセント、多く見積もっても五パーセントにしかならないことに気がついた。一万人の商圏なら二〇〇人から五〇〇人ということだ。

「九八パーセントから九五パーセントの人にとって、いわた書店はあってもなくてもいいということだった。これは衝撃的でした。それなら、来店していない方の好みに合わせる必要はないし、来店客のいない日曜日や深夜まで店を開けなくてもよかった。五〇〇人のお客さまに徹底的に気に入られる棚にすればいいのです」

店に合わない本はいらない、一人ひとりの顔を思い浮かべて品揃えを決める――。そんな割り切りだ。その結果、「変な本屋で面白い」と、札幌から足を運んでくれる人も現れているそうだ。岩田さんは「読

いわた書店の書棚。「一万円選書」は基本的にこの棚から選ぶ

者は本屋を信頼して身を預けてくれる。いろいろな本が復活した。本屋の〝花園《はなぞの》〟を開いたようなものです」と感懐《かんかい》を語る。

そういえば、札幌のくすみ書房（一八ページ）のクラウドファンディングに協力したのも五〇〇人だった。期せずして、同じ数字が飛び出した。巨大書店とは異なる街の本屋の方向性が垣間《かいま》見《み》えたような気がした。

「いい本が揃っているね」

いわた書店の取り組みを聞いて、コアな顧客を抱えるある書店を思い出した。

東京・代々木上原《よよぎうえはら》の駅ビルを南口に出てすぐのところにある、売り場面積二〇坪ほどの小さな書店、幸福書房のことだ。

通りに面した屋外には雑誌が並び、とりわけ女性誌が目立つ。店内には、実用書やガイドブックなどの定番書が並んでいる。一見、ありふれた街の本屋のようではある。

ところが、奥の棚に進むと、様相は一変する。小書店なのに、硬派の出版社のみすず書房の棚が二段分あり、そのまわりを囲むように、重厚長大型の文芸書やノンフィクション、人文書などがぎっしり並ぶ。それも、多くが二冊ずつ棚差しという、ほかでは見たことのない陳列方法だ。

これらは、店長の岩楯幸雄さん（六十五歳）が、現金取引を基本にする東京・神田神保町界隈の「神田村」と呼ばれる中小取次などを巡回《じゅんかい》して仕入れてきたものだ。ベストセラー作品を深追いはしないものの、既刊書に重きを置いているわけでもない。幸福書房だからこそ買いたいという「義理堅い」お客に的《まと》を絞った品揃えだ。岩楯さんは「お客さま一人ひとりを思い浮かべながら、次の新刊の注文をしている」と語る。その結果か、お客は「いい本が揃っているね、目配りがいいねといってくれる」そうだ。個性化・専門化するよりも、高度な力技と細やかな配慮を要する売り方のように見える。

もうひとつ、幸福書房を特徴付けるのは、店の常連でもある作家の林真理子さんとの交流だ。林さんの本を購入して幸福書房に預けておくと、後で著者本人がサインをしてくれるというサービスを提供する。林さんはときどきブログに幸福書房の売り場の写真を載せ、「購入した本にはサインをします」と書いているので、これを読んだ林ファンが全国各地からやってくるそうだ。話を聞いた前の週には、林さんの本が三〇冊売れ、このうち二五冊は地方からの来店客が買っていったという。

「もう何千冊もサインを書いていただき、真理子さんには頭が上がりません」

幸福書房は、品揃えに工夫を凝《こ》らしつつ、立地や環境に合わせて特定ジャンルを深掘りする、唯一無二の存在になっていた。

マイナーな出版社のフェアで勝負する

東京・杉並の京王井《い》の頭《かしら》線浜田山《はまだやま》駅を降り、地下の駅舎から地上に出てすぐのところに「サンブックス浜田山」がある。入り口には、マンガ誌や週刊誌、テレビ誌が並ぶ。道路に面した目立つ場所には、幼児が喜びそうなおもちゃもぶら下がっている。なかに入ると、向かって右側すぐのところにレジがあり、中央を棚が貫《つらぬ》いて、左側がおおむね雑誌や実用書、右側が単行本や文庫、新書、最奥がコミックという、売り場面積二〇坪のこぢんまりとした、こちらも一見、何の変哲もない街の本屋だ。

ところが、よくよく見ると、レジの正面のもっとも目立つ平台と棚では、哲学や小説などを主にする左右社《さゆうしゃ》のタイトル二〇〇点を集めた「全点フェア」が開催中（二〇一七年四月）だった。ベストセラーになっている『〆切本』などを除けば、大型書店でさえ左右社の本をしっかり揃えているところはないはず。街の本屋とマイナーな出版社の取り合わせが面白い。

レジで忙しく立ち働いていた店主の安藤弘さん（六十一歳）は「ここに女性誌を置けばどれほど売れるか。本好きがたくさんいるといってもたかが知れているよ」と苦笑する。でも、まんざらでもなさそうだ。

このコーナーは、店長の木村晃さん（四十四歳）が手塩にかけて育ててきた。ほぼ二カ月に一企画というサイクルで、小出版社や硬めのタイトルを集めてフェアを開く。その実績はというと、ちくま学芸文庫全点フェアが四五七冊、晶文社《しょうぶんしゃ》が一般書から一時撤退した際に品切れ・絶版本を集めたときには二四〇冊、人文系の藤原書店の本を並べたときには一カ月で九二冊――。ほかにも平凡社や白水社《はくすいしゃ》、みすず書房の品切れ本・在庫僅少《きんしょう》本のフェア、あるいは幻《げん》戯《き》書房、夏葉社《なつはしゃ》、アルテスパブリッシング、以文社《いぶんしゃ》の全点フェアなど、ほかの書店ではなかなか見ることのできない企画がめじろ押しだ。

平日の夕刻、帰宅途中のお客が数多く立ち寄る、サンブックス浜田山の店頭

　実績も残してきた。木村さんが「ちくま学芸文庫はフェア期間中、日本一売ったのではないか」と自負するような売れ行きだ。左右社フェアも二カ月で五〇冊売った。悪くない数字だという。

「基本的には、街の本屋には行きわたっていないマイナーな出版社やあまり日の目を見ていないけれど、ちゃんとつくり込まれているいい本を集めています。もちろん、うちのお客さまに合う本です。地道に本を出している出版社を応援し、お客さまにこんな本もあったのかと驚きを与えたいと考えて企画しています」

　レジ脇には「売れてほしい本&新刊」という棚が二本ある。ここにも渋めの本が並んでいた。現《げん》

店主の安藤弘さん（左）と店長の木村晃さん

下《か》のお勧めは『北斎漫画、動きの驚異』（河出書房新社）、『日本精神史　自然宗教の逆襲』（筑摩書房）、『張作霖』（白水社）など。木村さんが毎週金曜日、東京・神田神保町の「神田村と呼ばれる一群の小規模取次」を回って見つけてきた本が主だ。仕入れ部数はそれぞれ五冊前後。これに一冊か二冊しか売れなさそうなマニアックな本を組み合わせて棚をつくる。安藤さんは「毎週新しい本が入るから、一週間経つと、違う棚になっちゃう。売れて入れ替わるんですよ」と言う。お客の嗜好とマッチした棚のようだ。

さらに奥に進むと、「歴史に学ぶ棚」「堅い本　いわゆる人文の棚」「よくわからない棚」などと記された棚が続く。歴史棚にある中央公論美術出版の『若い読者のための世界史』は定価四一〇〇四円という高額書ながら、数十冊を売るロングセラー。人文棚の著者別コーナーには、鶴見俊輔《しゅんすけ》、内田樹《たつる》、河合隼雄《はやお》、池田晶子《あきこ》、小林秀雄などの著書が棚一段ないしは半段ずつ並ぶ。単行本、新書、文庫の区別なく集めているので、まとめ買いも多い。なかでも売れ筋はドナルド・キーンの一連の著作という。自分の棚があると伝え聞き、キーン氏が店にやってきたこともあるそうだ。

「よく本を買われるお客さまは、週に何回も来店されます。見るだけで買わずに帰ったときにはなぜかなと思い、次に来られるときには、棚をガラッと変えて新鮮味を持たせたり、工夫しています。ちょっとでも油断すると、ずっと同じ棚になってしまいますから。それで売れると嬉しいですよ。自分で企画を考えるのが楽しいし、その企画が当たると、お客さまに評価してもらえたようでまた嬉しくなる。本屋はほんとうに楽しい仕事です」

木村さんは高校時代からアルバイトとして働きはじめ、一六年前に店長を任された。安藤さんと木村さんは叔父と甥《おい》という関係にあり、安藤さんが経営、木村さんが棚づくりという役割分担になる。ふたりの様子を見ていると、息もピッタリのようだ。

「次々と書店がなくなっているけど、うちも苦しいよ」と安藤さんは言うものの、店頭は活気にあふれていた。一日の購入客数は二〇〇人ほど。駅前ということもあり、来店客は五〇〇人前後にもなる。夕方はてんてこ舞いの忙しさだ。

三者三様ではあるけれど、いずれも魅力的な店である。対象を明確にすることでコアの利用者の支持を得て、そこから波及して新たなお客を呼び込む。あるいは、一般的な品揃えをベースにしつつ、硬い本を置いて思いがけない出合いを演出する。街の本屋のひとつの理想型を見たような気がする。どの行き方にも、書店としての未来を感じた。

女たちが紡ぐ本屋

業態を大転換し再出発

昔ながらの生業店《せいぎょうてん》と趣味を極めたショップの混在する街、東京・高円寺《こうえんじ》に、かつて高円寺文庫センターという本屋があった。忌野清志郎《いまわのきよしろう》『瀕死の双六《すごろく》問屋』（二〇〇〇年、光進社）の刊行を聞きつけた店長が版元に談判し、「握手会」を実現。店内を見渡したキヨシローに「日本一Ｒｏｃｋな書店」と言わしめた伝説が残る。サブカル好みのお客に愛され、九〇年代、ゼロ年代を駆け抜けたものの、惜しまれつつ二〇一〇年に閉店した。

高円寺文庫センターの本店にあたるのが、東京・西荻窪にある信愛《しんあい》書店だ。原田直子さん（六十六歳）、福夫さん（七十二歳）夫婦を二枚看板に、書店業に勤しんできた。

福夫さんは、アイディアマンとして知られる。東京都書店商業組合に青年部が誕生した一九八九年、青年部副会長に就任し、業界内の矛盾を解消しようと奔走《ほんそう》、書店の活性化のために事業を立ち上げたりした。

とりわけ「掘り出し選書」の試みは刺激的だった。小書店では並びづらい人文書などを棚一段分三〇～四〇冊、出版社に出品してもらい、店頭で三カ月間展示販売したあと、次の店に回し、別の出版社の選書が前の店から届く。一年間に四つの版元の棚が街の本屋をローテーションするしくみをつくった。新曜社《しんようしゃ》、青土社《せいどしゃ》ほか多彩な版元が出品し、参加書店では、お客の関心を惹いて売れ筋商品の発掘にもつながっている。

信愛書店は一時期、ブックカフェふうの茶房《さぼう》高円寺書林も営業していた。切り盛りしたのは直子さんだ。新刊だけでは行き詰まると考え、古書を併売したり、雑貨を扱ったり、写真展やトークライブを開いたりすることで、本好きの集う場にした。

あるとき、創作手ぬぐい作家らの展示会を開き、短期間に一〇〇万円の売り上げになった。小さな書店のイベントとしては大成功だ。しかし、本業以外の成功に、直子さんは割り切れない思いを抱く。直子さんは展示会のあと、こんな感懐を漏らしていた。

「熱気に圧倒されました。でも空しくなりました。本はもうそんなふうに買ってもらう対象ではなくなったのか、と。本屋として一〇〇万円売るのは、たいへんなことですから」

ほどなく茶房高円寺書林も閉店することになる。二〇一四年二月のことだ。

本店の信愛書店も同年十二月、営業形態を大転換した。一八坪あった本の売り場を三坪ほどに縮小し、配達に重きを置く業態にした。残りのスペースは、自店で企画したイベントを開いたり、地域の人に活用してもらったりすることにした。店名も「信愛書店　スペースｅｎ＝ｇａｗａ（えんがわ）」と改称した。

その成果を聞こうと、二〇一五年十月、直子さんに会いに行った。

街中の「商店」としての挑戦

まずは、信愛書店の歴史を振り返る。創業は、一九三四年にさかのぼる。福夫さんの父親が早稲田大学の学生だったとき、大学近くに開店し、戦中、長野に疎開《そかい》したあと、一九四七年に西荻窪に移転。以来、西荻窪を本拠に営業を続けてきた。

二人が結婚したのは七四年。二人三脚で書店業に勤しむことになる。取次が自動的に書店に送りつける「パターン配本」を受けず、人文書を中心に、これはと思う本を店に並べた。「入れたら入れただけ売れていった」古き良き時代だ。

その後、店舗数を増やす。高円寺では「これほどお客がいるのか」と思うほど売れた。全店で最大時年二億円を売り上げた。だが、出版産業は九六年をピークに斜陽が進む。信愛書店も同様の道をたどった。支店は見切りをつけざるを得なかった。

西荻窪は多くの読書人の暮らす街だ。信愛書店では、得意の人文関連の品揃えで通をうならせ、毎月五～一〇万円と購入する常連客が何人もいた。が、お客は高齢化し、まとめ買いも数えるほどになっていた。

福夫さんは、地元の商店会の会長に就くことになる。直子さんは、これを機に、商店会が毎月開いていた「神明通りあさ市」の活性化に取り組み、たちどころに賑やかな催しとなった。

この経験から、直子さんは商店街も消滅の危機にあると認識し、「店のスペースを使って、街づくりにかかわりたい」と思うようになる。

「店を丸々ほかに貸したら、左うちわかもしれません。でも、そんなの面白くないじゃないですか。店を閉じた人の話を聞くと、店がなくなってから拠点を持つ意味に気がついたというのです。だから私は場の持つ力を活用したいと思いました」

著者らを講師にした出版関連のイベントを頻繁に開き、著者関連の本を揃えて販売する。趣味のサークルもスペースの利用者となった。

手にお勧めの本を持つ、信愛書店の原田直子さん

「お客さまの話をじっくり聞けるようにもなった。四〇人も入ればいっぱいになる空間ですが、本にかかわっていることで、イベントをやりたい、本を出したいと、相談もきます。出版社や著者、読者に情報の窓口として期待されるようになったのかなと思います」

　本業にも余念がない。「並んでいる本を見ただけでピンとくる人は、よく本を読んでいる人。でもピンとくる人だけでは先細り。直接読者に働きかけ、著者と読者がつながることで、著者も励みになる。そういうお手伝いができれば」と語る。

売り上げは以前の四分の一ぐらいになったものの、家族経営によって人件費が減り、光熱費などの諸経費も激減、後ろ向きの転進ではなかった。書店という業態にとどまらない、街中の〝商店〟としての新たな挑戦だ。

その成果は、お客にも出版業界にも還元されるか注目していきたい。

父の遺志を受け継いで

大阪環状線内の中心部、地下鉄谷町《たにまち》線谷町六丁目駅を出てすぐの、オフィスビルやマンションなどが混在する長堀通《ながほりどおり》という大通り沿いに、隆祥館《りゅうしょうかん》書店がある。二〇一一年十月、一回目の「作家と読者の集い」を開いたのを皮切りに、毎月こつこつと著者との集いを重ね、一〇〇回以上交流の場を持ったとして注目を集めている書店だ。

オシャレな店を想像しつつ、隆祥館書店にたどり着いた。ところが、店頭には配達用の頑丈そうな自転車があり、壁面に沿って絵本棚などが連なり、なかを覗くと高さのある棚が林立《りんりつ》していた。天井からはイベントの様子を撮った写真などもぶら下がっていた。たった一三坪の店は、街の本屋らしい賑やかさと居心地のいい懐かしさを併せ持っていた。

店主の二村知子さんは、シンクロナイズドスイミングの日本代表として世界大会に出場し、三位を獲得したこともある元スポーツ選手だ。その二村さんは、ちょうど接客中だった。入り口すぐ向かって右側の棚では、作家と読者の集い一〇〇回突破を記念したフェアを展開していた。二村さんは、棚から一冊一冊手に取ってお客に内容を説明し、さらにはフェアの趣旨を記したチラシをプリントアウトして渡していた。お客と会話しながらその人に合った本を勧め、常連客の好みを知り尽くしている人だと出版関係者に聞いていたけれど、まさにその現場に立ち会うことができた。

賑やかさと懐かしさを併せ持つ、隆祥館書店の外観

　フェア棚には、集いの講師として来店した著者や編集者ら二〇人以上から推薦してもらったお勧め本が三点ずつ紹介文とともに並べてあった。すでに七〇人以上から推薦を受け、今後、何回かに分けて、展示していくという。集いに参加したことのある著者も顔を出し、ミニ色紙のサインに応じているそうだ。

　近くの喫茶店に場所を移して、取材にとりかかると、二村さんは開口一番、今年（二〇一五年）二月に亡くなった隆祥館書店の創業者で、二村さんの父親である二村善明さん（享年八十歳）の思い出から話しはじめた。

　善明さんは生前、日ごろから書店業のあり方についてのポリシーを二村さんに語っていた。

〈子供たちに読書を広め、その読書力に貢献し、遠くまでゆくことの出来ないお年寄りの読書の力添え、作家と読者への橋渡し、そしてその心の交流、出版をただ売れればいいという商業主義の餌食《えじき》にすることなく、出版を文化として作家を支え、読者が出版を育てるこの仲介者が書店と考えております〉

二村さんが肝に銘じていることなのだそうだ。父の遺志を受け継ぎ、作家と読者の「仲介者」たる書店を目指していると話す。

「一人」の背後には多くの読者が

隆祥館書店の創業は一九五二年。十代だった善明さんは、思想書を読みふけり、本好きが高じて、自ら書店を立ち上げた。妻、尚子さんとともに朝から晩まで働きずくめで、三十歳にして借地の一部を買い取り、三階建ての店舗を構えた。当時の売り場面積は二五坪だった。

「時代もよかったのだと思います。講談社や小学館、筑摩書房、河出書房の文学全集などを『たくさん売ったんや』と父は話していました」

大阪万博のときには、ガイド本が売れに売れ、書店の同業者の会一同で九州旅行に出かけたこともあったという。

バブルのころ、相続税対策にと銀行に勧められ、九階建てのビルに建て替えた。一階を売り場にして、上層階にはテナントが入り、最上階は居宅とした。ただ、建坪率などの制約により、売り場は一三坪に減った。その後、バブルがはじけ、空き部屋が出るようになる。

二村さんが書店業に携わるようになったのは、店舗の建て替えから三年が経った一九九六年のこと。事情を抱えて実家に戻り、家業に就いた。

メディアでもおなじみ、隆祥館書店店主の二村知子さん

バブル崩壊後、消費税が五パーセントに上がるまでは、売り上げを維持していた。しかし、「ビルの空室のため頑張っても頑張っても砂漠の水のようにビルの借金に吸い上げられ、たいへんだった」という。返済はあと一五年続くそうだ。「さらに、コンビニが雑誌や文庫の販売をはじめるようになり、大型書店が増え、ネット書店が現れました。父は自分の代で書店をやめようと考えていたようです」と、二村さんは振り返る。

だが、二村さんは店をもり立てようと、取次の取引書店で構成するトーハン会の青年部に入り、書店業のノウハウを学んだ。

「小さな書店には（売れ筋の）配本がゼロとか、返品しても一〇日分は翌月でないと入帳（精算）されないなどの理不尽なことがいっぱいありました。でも、小さな書店でしかできないこともある。一人ひとりのお客さまの心に寄り添い、会話を大切にして、次回の来店のときに嗜好に合ったものをお勧めするようにしていきました。そしたら、喜んでいただけ、客数も増えてきました」

転機になったのは、お客から「(クルマの)ポルシェの雑誌はないか」と尋ねられたことだ。その際、バックナンバーも注文した。

注文を受けたものの、取次経由では埒《らち》が明かず、直接出版社と仕入れ交渉をした。その際、バックナンバーも注文した。ところが「一般向けでないものは置くべきではない」と善明さんに叱られた。二村さんは「ほかの書店にないものを置くべきだ」と反論し、扱い続けた。二、三年経つと、売れ行きが定着し、善明さんは「置いてよかったなあ」としみじみ語ったという。

二村さんは、他店にないものでも、一人でも求める人がいれば、その背後にはもっとたくさんの読者がいることを実感した。

もうひとつの転機は、アマゾンがますます隆盛を誇り、電子書籍元年とも喧伝された年のことだ。

店頭でいつものように会話をしていると、お客が「この作家さんに直接おうて話聞いてみたいわあ」と漏らした。二村さんは「作家さんに直接会って話を聞くことは電子ではでけへん。これだ」と思った。来てほしいとその作家に手紙を書き、二カ月後、ＯＫの返事が来た。二〇一一年十一月には、初の「作家さんを囲む会」を開催し、七〇人ものお客が参加した。テナントが入らないまま空いていた七階のスペースを活用した。

「そのとき呼んでほしい作家と隆祥館に望むことを書いてくださいとアンケートを取ったら、

三人の方が定例化してほしいと書いていた。それで毎月しようと決めました。実際には月五回になったこともあります」

そう決意したからには、もっといろいろ勉強しなくてはと、アンテナを張り巡らした。これはと思う本に、付箋紙を貼りまくって読み込んだ。その熱意が伝わったのか、参加者が五〇人いればその全員が講師の本を購入するすさまじさとなった。

思い出深いのは、京都大学原子炉実験所助教だった小出裕章《ひろあき》さんとのやりとりだ。震災と原発事故の一年後、二村さんは「なにがほんまかわからなくなり、小出先生の話が聞きたくてたまらなくなった」。小出さんの職場に留守電を入れたところ、その日の夕方、「いまは半年先まで予定が詰まっているので、すぐには行けませんが」と電話が返ってきた。一年後、大阪市内で小出さんの講演会があると聞き、かけつけた。再びお願いして、ほどなく集いが実現した。

書店の役割とは

硬派の集まりばかりではない。雑誌編集部とコラボレーションして利き酒会を開いたり、証券取引法違反で服役した『ゼロ』（ダイヤモンド社）の著者、堀江貴文氏が小さな書店の集いに興味を持って来てくれたり、サラダ油の危険性を訴えた『「サラダ油」をやめれば脳がボケずに血管も詰まらない！』（ワニブックス）を書いた医師の話に耳を傾けたり。二村さんがシンクロの選手だったときのコーチ、井村雅代氏も『教える力』(新潮社)を上梓したときに駆けつけてくれた。

売り上げは盛り返しているところだ。これまでの経験から、二村さんは書店の役割をこう語る。

「本は、その分野の専門家が書いていて、いろいろな角度から真実を知ることができる。ほんとうのことを伝えたい。ほんとうに大切なものはなんなのか、自分の頭で考えられるように、伝えなければいけないと思う」

伝えるばかりではない。聞き上手でもある二村さんは、お客から「本屋でこんなに話したのははじめて。隆祥館は心の本屋さんです」と感謝されたこともあるそうだ。

善明さんが亡くなった後、家族ぐるみでつきあいのあったお客が「お父さんが『娘が跡を継いでくれてうれしい』と話していましたよ」と教えてくれた。ときに対立することがあったものの、温かく見守ってくれていたのだ。父親との切磋琢磨があったからこその、いまなのだろう。

信愛書店の原田さんと隆祥館書店の二村さんは、工夫を凝らしながら、〝女たちの本屋〟として物語を紡《つむ》いでいた。

「雑高書低」の終焉と街の本屋

「大晦日発売」　現場はどう見たか

出版産業で扱われる商品は、書籍と雑誌に大別され、販売現場では出版物を雑誌、コミック、ムック（雑誌と書籍の中間的な商品）、児童書、文芸書、文庫、新書というようにジャンル分けする。書籍形態のコミックは、コミックスと呼ばれ、ムックとともに、その多くは流通上、雑誌扱いだ。なかでも書店の稼ぎ頭といえば文庫、コミック、雑誌の三つである。規模の小さな書店ほど、コミックを含む雑誌の販売額の比率が高まる。取次の日本出版販売の統計「2016 書店経営指標」では、五〇坪以下の書店の場合、書籍のシェア三六パーセントに対して、雑誌は実に六四パーセントにもなっていた（五〇一坪以上の書店は書籍が六二パーセント）。

一九七〇年代以降、業界全体で書籍より雑誌の販売額が上回る「雑高書低」が続いた。小規模書店の貢献によるものだ。ところが、出版科学研究所が推計した二〇一六年の出版物販売額はトータルで一兆四七〇九億円（前年比三・四パーセント減）となり、その内訳は書籍七三七〇億円（同〇・七パーセント減）、雑誌七三三九億円（同五・九パーセント減）と四一年ぶりに書籍と雑誌の販売額が逆転してしまった。街の本屋が少なくなり雑誌の販売額が減ったのか、雑誌の売れ行きが落ちて街の本屋が成り立たなくなったのか？　出版産業にそのダブルパンチが直撃しているのは間違いない。

二〇一六年から一七年にかけての年末年始には、出版社や取次の主導で新たな試みがなされた。例年、この時期は物流が止まる。書籍の新刊はなく、週刊誌は合併号のかたちで対応してきた。だが、あえて大晦日に書籍、雑誌、コミックの新春特別商品一九二点八四〇万冊が全国の書店に配本されたのである。

特別商品のメインは雑誌。「こち亀」連載四〇周年記念の『少年ジャンプ』の特別編をはじめ、『少年マガジン』『小学一年生』などの増刊号や別冊、ムックなど雑誌類の刊行は、一三〇点に及んだ。宣伝文句は「おせちもいいけど、雑誌もね」だ。

その効果はあったのか。プロローグ（七ページ）で触れた横浜市の昭和書房では「年末になると、家のなかで手持ち無沙汰になった男性客が増える」と店主の大河原賢司さんに聞いていた。実際の様子を見ようと、二〇一六年の大晦日に訪問した。

店先に置くドリンク類の自販機の側面に、この日発売の雑誌のタイトルがフェルトペンで大書されているのが目に入った。力の入れ具合がわかるようだ。レジ脇で眺めていると、男性客ばかりではなく、壮年の女性や子連れの母親、高校生らが次々来店した。高校生は当日発売のコミックの指名買い。注文品を取りに来た男性客に大河原さんが関連の特別商品を勧め、「これを読んだら考えてみるかな」と応じる姿があり、文房具を買いに来た女性客にネコを特集した『ニャエラ』を見せると、「へー、かわいい」と関心を示したり、お客の反応もよかった。男性客はその後、初売りの日にお勧め商品を購入してくれたそうだ。

大河原さんは「段ボールを開けると、とりあえず中身を見て、どのお客さんに勧めようかな、どう話そうかなと考える」と言う。それがさっきの声掛けになっていたわけだ。

ただ、大晦日発売には疑問も感じるという。「年中無休のコンビニにとってはいいのかもしれません。でも、書店は元日、二日は休みが多い。二日間、雑誌に触《さわ》れなくなるのは歯がゆい。もし二十八日に届くなら、まだ外商先も営業しているので、年末のあいさつ回りのときに勧めやすいのですが。お正月が近づくほどお年玉の準備で財布のひもが固くなるから、タイミングが悪かったかもしれません」とシビアな評価だった。

「日本一の零細書店」

東京・板橋区の都営地下鉄三田線本蓮沼《もとはすぬま》駅からすぐのところにある赤城《あかぎ》書店は、間口二間、奥行き七間ほどの小ぶりな書店だ。店の真ん中を棚が貫き、中央の棚の片側には雑誌を中心に置いて、もう片方には文庫やコミック、書籍を並べる、雑誌中心の典型的な街の本屋だ。ところが、入り口は全面ガラス張りで外からも中が見通せ、内装は店名そのままに赤茶色がベース、明るく照らされた売り場はモダンさも兼ね備える。

赤城書店店主の牛房邦夫さん

店主は牛房邦夫さん（六十二歳）。群馬県の赤城山近くで生まれた牛房さんの父、延男さんが戦後すぐの一九四七年に創業した。七〇〜八〇年代には「レジが火を噴くのではないか」と心配になるほど売れに売れたという。延男さんが亡くなった後は、母と妹、牛房さんの三人で店を切り盛りしていたものの、一昨年、母と妹を亡くし、いまは独り身の牛房さんが店売と外商をこなす日々となった。

牛房さんは、年末の特別発売に期待したひとりだ。店休日にしようと思っていた大晦日も開店することにした。二〇一五年に『週刊文春』がコンビニだけで売られて、イヤな思いをしたこともあり、業界全体の取り組みならと考えたからだ。

「大晦日は、日が落ちる午後五時ごろにはお客さまが途絶えてしまいますが、短い時間でも売ろうと思いました。〃お祭り〃は必要です。だいたい大晦日のうちに売れ筋の雑誌はなくなりました。でも、もう少し目玉商品があったり、宣伝などの仕掛けをしてくれたりしたらよかった」

特別商品は通常号の売れ行きにマッチした部数が届いたものの、『少年ジャンプ』は客注を受けて一カ月以上前に事前注文した五冊だけの入荷。これにはがっかりしたという。

牛房さんは、雑誌の売れ方にある変化を感じている。以前なら、週刊誌は二、三日で売れ行きが止まり、月刊誌も一週間程度が勝負だった。ところが、たとえば毎月十五日発売の『コロコロコミック』は、まず発売日に売れ、翌週にまた売れ行きの山があり、月末に売り切れるというパターンになっているという。

「途中で売り切れると、月末に買うつもりの子のことが気がかりになります。変な話、月末まで残っていると安心する。子どもの貧困というと大げさかもしれませんが、買いたくてもすぐに買えない子がいたり、親と一緒にやってきても『今日は買わないわよ』と言い聞かされて眺めているだけの子がいたり、『おじいちゃん、おばあちゃんが来たときに買ってもらおうね』と諭《さと》されている子がいたり。ちょっと心配です」

出版社の営業も、私のような取材者も、雑誌が売れなくなったと大局ばかりを語る。でも、書店の現場で見える景色は、もっと繊細なものであるようだ。「日本一の零細書店」を目指すと語る牛房さんの、機微《きび》に触れたような気がした。

「雑誌不振」時代の生き残り策とは

地方はどう受け止めたのか。棚の並べ方の妙で、業界人に一目置かれる名古屋市の七五《しちご》書店を訪ねた。

雑誌と書籍を効果的に配置した七五書店の書棚

七五書店は幹線道路沿いの住宅地内にあった。店名は売り場面積の七五坪から取ったそうだ。六年前にリニューアルし、新たに喫茶店を併設したので現在は五〇坪になる。

店長の熊谷隆章さん（三十八歳）に話を聞く前に、まずは大急ぎで店をひと巡りしようと思ったら、それではすまなかった。いままで気が付かなかった本が目に飛び込んでくるような感覚になった。文庫や新書は出版社の枠を外してジャンルやテーマに応じて集めていたり、雑誌棚の下に関連書が並び、そのつながりがずばりマッチしていたりと、発見の連続。加えて、地元の需要に応えて成人雑誌もしっかり置いていることに、街の本屋の矜持《きようじ》を感じた。

七五書店の社員は熊谷さんひとり。ほかはパートとバイトだけだ。熊谷さんは、レジ打ちや接客をこなしつつ、棚づくりをしているのだから、ただ者ではない。物静かな文学青年という雰囲気も漂わせていた。

実は、熊谷さんは個人のツイッターで、大晦日発売に懐疑的なつぶやきをツイートしていた。

「当日は大晦日ということもあり、ひとりで店に出ていました。特別発売とわかるように最初はジャンル分けせず、まとめて一カ所に置きました。特別発売の書籍の配本はほとんどなく、そんなにたいへんな作業ではありません。コミックは当日から売れ、雑誌もちょこちょこ売れましたが、元日にお店を休んだあと、二日以降はコミック以外あまり……」

七五書店の店長・熊谷隆章さん

四、五日ごろには動きが止まり、一カ所に集めていた大晦日発売誌を本来の定位置に置きなおした。

「特別発売をご存じのお客さまでも、それ目当ての方は多くはなかったように思います。もちろん新商品ですから、少なからず売り上げは上がりました。でも毎月四日発売のジャンプコミックスが三十一日に繰り上がっただけのようなもの。数字だけを見て、いい結果だとは言えないと思います。運送屋さんをはじめいつもなら休めた人も多いはず。それも考えると、評価は慎重にしないと」

七五書店も雑誌の売り上げが半分以上を占めるものの、徐々にその差は縮まっているそうだ。雑誌の売れ行きが厳しくなる一方、書籍は手をかければかけただけ「いい感触を得られる」ようになったからだ。

「書高雑低」時代に突入しようとしているいま、七五書店のような、あえて書籍に力を入れる道行きも小書店の生き残り策のひとつになるのかもしれないと思った。

第4章 新しい本屋のかたち

並み居る大型書店に伍して、選書の妙で勝負

新潟市の書店地図は、近年大きく塗り替わった。

三〇年前に創業した地元企業「トップカルチャー」がその嚆矢《こうし》だ。社名を聞いてもピンとくる人は少ないだろう。実は、「カルチュア・コンビニエンス・クラブ」の有力加盟店として「蔦屋書店《つたや》」などの屋号で七〇店ほどを擁する大手チェーンだ。二〇〇七年三月には、紀伊國屋書店新潟店が移転増床し、翌日にはジュンク堂新潟店がオープンする局地的な〝書店戦争〟も勃発《ぼっぱつ》し、メガ書店時代の象徴的な街となる。その一方で、一九〇年の歴史を誇った老舗《しにせ》、北光社《ほっこうしゃ》は二〇一〇年一月に倒産する悲哀を味わった。

だが、大手が席巻《せっけん》し、モノトーン化が進んでいるかと言えば、そんなことはない。英進堂《えいしんどう》（一三五ページ）をはじめ、医書専門店として知られる西村書店、よく耕《たがや》された棚だと評判の知遊堂《ちゆうどう》、江戸末期に創業した萬松堂《ばんしょうどう》、二〇一五年末に新規開店した写真集中心のセレクト店「BOOKS　f3」など多様な本屋がある。

なかでも、通好みの本屋として注目を集める北書店が気になる存在であった。二〇一六年十一月、覗《のぞ》きに行った。

マニュアル化できない匙加減

新潟駅を降りて萬代橋《ばんだいばし》を渡り、しばらく行くと市役所がある。その真向かいのマンションの一階にあるのが売り場面積二〇坪という小ぶりな本屋、北書店だ。店主は佐藤雄一さん（四十三歳）。北光社の店長を務めるも、北光社が倒産したため、その二カ月後、佐藤さん自身思いもかけず自力で立ち上げた書店である。

北書店は、新潟県内では北光社のあとにできた書店としてよく知られている。それが全国区の知名度を得たのは、三、四年前からメジャーな雑誌に取り上げられるようになったのがきっかけだ。佐藤さんが書店のリアルを語ったからこその反響なのだろう、その後も陸続《りくぞく》と後追い記事があった。

全国的に注目される北書店店主の佐藤雄一さん

注目されている書店ではあるけれど、他の書店とどこがどう違うのか、この目で見るまでは半信半疑。押しつけがましいセレクト書店ということはないのかとも思っていた。ところが、店内をじっくり眺めまわしたら、懐疑《かいぎ》は吹っ飛んだ。雑誌はそれほど多くはないものの、週刊誌や女性誌などの売れ線はしっかり置いてある。パソコンやクルマのような実用系はほとんどないけれど、他のジャンルは硬軟織り交ぜて棚に並ぶ。細部を見なければ、書籍の多い小書店だと思うだけかもしれない。

でも、それは大間違い。「ハリー・ポッター」の新刊や旬のベストセラー、それに定番書にまじって、いままで気が付かなかった本やたぶん見かけていたのだろうけれど見過ごしていた本が次々と眼前に現れてきた。興味のある分野なのになぜ知らなかったのだろうと思った本も見つけた。文庫棚も面白い。メジャーなタイトルの文庫の間に、ところどころ書籍が差されている。これが棚の流れにぴったりとはまっているのだ。

郷土本は雑誌棚の向かい、入り口すぐの一等地に大量に並ぶ。手づくり感の漂う自費出版本あり、大部の歴史写真集あり、地元の政治家、田中角栄本あり。ここが北書店の顔だ。「今日の買い物　第17回『新潟へ』」という記事のある『暮しの手帖』二〇一四年十―十一月号は、三〇〇冊も売ったという。

ただ、なぜか原発被災を扱った『BISHAMONの軌跡　南相馬《みなみそうま》・浪江《なみえ》リポート』（新潟日報事業社）が郷土本として置いてある。私の郷里、南相馬市にかかわる本なのに、まったく知らなかった。佐藤さんに、どうしてこのコーナーに？　と尋ねたら、「店の上のマンションに住んでいる新潟大の先生が書いた本です。直接頼まれたので、書店で扱っているのはうちだけ」とのこと。私にとっても思いがけない出合いとなった。

さらに、ミニコミやリトルプレス（ジンやミニコミとも呼ばれる少部数出版物）が彩《いろど》りを添《そ》える。オシャレ系とはちょっと違う、活字で読ませるものが目立つ。カラーコピーの冊子もあった。読書好きを意識した品揃えだ。

棚板の多くは、北光社時代のもの。これを佐藤さんが店のかたちに合わせて書棚を手づくりした。児童書の置いてある棚の上部には、「子供の夢を育てる福音館《ふくいんかん》の絵本と童話」というレトロなタイポ（活字）で書かれたプレートが貼られていた。これも北光社にあったものだ。「こんなプレートはもう見かけないでしょう。解体工事のとき、割らないようにとお願いして持ってきました」と佐藤さんは嬉しそうに話す。

読書好きを意識した品揃えに思わずうなる

発見ばかりの棚だったけれど、佐藤さんに聞くと、取次《とりつぎ》非流通の出版物は一割ほどしかないという。選書の妙と見せ方で、こんなにも棚と本が生き生きするものかと思わずにはいられなかった。並み居る大型書店に伍《ご》して、街の本屋が本そのもので勝負できることがこんなにもあったのである。それも、佐藤さんたった一人でやっていることだ。

「年間七万点の新刊から選ぶと言えばたい

そうなことと思われてしまいますが、教科書、専門書、年度入れ替えの実用書や、明らかに客層とかけ離れたジャンルも含めての七万点だから、そのなかから選ぶ本は自然と限られてきます。コンスタントに売れる出版社の本は毎日チェックし、お客さんの好みに合わせたり、人間関係で知ったり、流れのなかでピックアップしているだけ。あらゆる要素が絡み合っていまの本屋になったんです」

これを佐藤さんは「マニュアル化できない匙加減《さじかげん》」と表現する。それも楽しみながらやってきたことだ。「ほとんど自分で注文しているけど、新刊を見るとテンションが上がるんです。お客さんも、そういう本を並べるとますます知らない本に出合えたと思ってくれるのかもしれないですね」という。

北書店はイベントにも熱心に取り組む。トークショーやワークショップ、音楽ライブ、一箱古本市、あるいは地元の編集者や作家が店番に立つ半日店長といったぐあいだ。とりわけ佐藤さんにとって印象深かったイベントは、新潟市を拠点に活動するご当地アイドル「ＲＹＵＴｉｓｔ」のトークとライブだったという。メンバーが子どものころに好きだった絵本をテーマに語り合ったら、普段のライブでは聞くことのない、本にまつわる話が新鮮だったのか、やってきたファンらがたくさん本を買ってくれた。

これらの経験から「本屋は学者でもアイドルでもあらゆる現象と絡める」と佐藤さんは考える。

「もともとふつうの本屋にいたので、こういうことしかできない。こちらから発信してキャッチする人がいるから成り立っている。店にいると、本を探すお客さんの静かな活気を感じるんですよ。その場にいると俺も気持ちがいい。本屋というトータルなたたずまいが好きなんです」

佐藤さんは「（遠くまで出かけて食べる）こだわりのラーメンよりも（近所の）赤いカウンターで食べるラーメンがいい」と語る。

私が棚を眺めているとき、『週刊朝日』を購入して佐藤さんとよもやま話を楽しむ高齢の男性客がいた。奥の棚とのつきあいはほとんどなく、週刊誌の発売日だけやってくる常連さんだという。北書店はお客にとって日常の店でもあった。

本読みをうならせつつ、敷居の低い街の本屋だからこそ地元の人に愛されているかのようだった。

困難を乗り越え、新規参入

私が知らないだけで、書店どうし、互いに刺激を受けあい、その相互作用によって、各々の書店がさらに一歩踏み出すという光景が全国いたるところで見られるのかもしれない。店舗のリニューアルと品揃えの見直しで起死回生を図《はか》った熊本市の長崎書店（一一八ページ）社長の長崎健一さんは、往来堂《おうらいどう》書店（東京）や定有堂《ていゆうどう》書店（鳥取市）などいくつかの書店を手本にしたと語っていた。なかでも影響を受けたというのが福岡市のブックスキューブリックだったという。そのブックスキューブリックを二〇一五年夏に訪ねてみた。

一三坪の売り場が生む新たな出合い

福岡市中心部の繁華街、天神《てんじん》駅からバスで一〇分ほど、けやき通りと呼ばれる並木道沿いの停留所に降りると、ブティックや雑貨店、カフェなどオシャレな店々が居並ぶ、東京なら表参道や青山あたりを彷彿《ほうふつ》とさせる雰囲気の街に一変していた。煉瓦《れんが》の敷き詰められた通りを少し歩くと、歩道と同色の外装のマンションの一階に、デザイン文字で「BOOKS　KUBRICK」と掲げられた看板が目に入った。目的のブックスキューブリックけやき通り店だ。同店の開店は二〇〇一年。その名のとおり、映画「2001年宇宙の旅」のスタンリー・キューブリック監督にちなんだ店名だ。

入り口の外には、いすと丸テーブルが置いてあり、女性誌やテレビ情報誌が差されたラックがあった。なかに入ると、売り場面積一三坪という長方形のこぢんまりとした店舗全体が見通せた。入り口近くにはやはり『週刊文春』『SPA!』などの週刊誌や小学館の学年誌、『ちゃお』などの少女マンガ誌など、ごく一般的なタイトルが並ぶ。それらに交じって『ヨレヨレ』『パンの雑誌』といったあまり見かけない雑誌もあった。ドギツイ表紙に興味がそそられた『ヨレヨレ』は、高齢者問題を泥臭く取り上げた福岡の地域情報誌。いわゆるミニコミ誌だ。

店内を回遊すると、正面右側の一角が児童書や『星の王子さま』（岩波書店）のような古典的な名作、そして芸術・デザイン関連書、ビジュアル書、音楽書などのコーナーになっていた。正面の新刊平台《ひらだい》には売れ筋の文芸書や一般書が積まれ、それに連なって教養書の棚がある。通りに面した内側の棚には実用誌や経済誌とともにライフスタイル誌があり、中央の一角には女性向けの雑誌や書籍がまとめられていた。左奥にはビジネス書や食文化にかかわるタイトル、旅行書があり、その壁沿いに人文書や新書、文庫の棚が続く。人文書の棚の一段は、『本屋会議』（夏葉社）、『善き書店員』（ミシマ社）など出版関連書が集められているのが目を惹《ひ》く。文庫コーナーは、ちょっと前のベストセラーやはじめて見るようなタイトルが並び、セレクト感を漂わせていた。

2001年、福岡市で開店したブックスキューブリックけやき通り店

街の本屋らしい一般的な雑誌や新刊書など過不足のない商品構成で近所のお客の日常的な需要を満たしつつ、さらに一歩踏み込めば個性的な棚が出現する——。小さな売り場ながら、長時間、棚をじっくり眺めて選書するお客が絶えないという評判もうなずける品揃えだ。

店主は大井実さん（五十四歳）。店の最大の特徴は、取次や出版社が選書する自動配本に頼らず、大井さん自身が選んだ本を並べていることにある。

「私が子どものころの街の本屋は、コンパクトにまとまり、使い勝手がよかった。それがどんどん巨大化したけれど、読者のニーズに合っているのかなという疑問を抱いていました。情報がいっぱいあればいいのかというと、逆に出合いが少なくなっている。ノイズをカットすれば、本と読者の新たな出合いがあるのではないかと思い、パズルとかアダルトとかのジャンルは切り捨てました。でも、『週刊文春』や『コロコロコミック』は置いているという、街の本屋としてのスタンスは崩したくなかった。開業前、二〇坪あればそれができるかなと思っていて、一三坪では若干不安があったんですが、意外に多くの本が入り、考えていたとおりの書店になりました」

「本屋は街づくりの中心になれる」

大井さんの考える街の本屋のキーワードは「出会いと発見」。少し足を延ばして天神に行けば、大型書店がひしめき合っている。専門書はこれらの書店に任せ、キューブリックらしさを徹底したのがいまの売り場だ。とりわけ社会的な主張を持った「世の中をよくするための本」を意識的に揃える。結果、そのテイストを気に入ったお客が集まり、ロイヤルティーの高い固定客が付いた。

ブックスキューブリックの店主・大井実さん

「小説の新刊なら、うちのテイストがあるので、これは売れる、これは売れないというのがわかります。ほかにも、本が売れる要素というのはいろいろあるので、内容がいいとかコストパフォーマンスがいいとか、これはいけるんじゃないかなと仮説を立てて実験をしながら、一人で仕入れを判断しています。お客さまへの〝プレゼン〟のようなものです。気張りすぎると古本屋のオヤジのようになってしまう。本のソムリエみたいなのもイヤ。お客さまの本との出合いの仲立ちをしているんだと思うと気が楽になりますね」

雑誌を中心に扱うたいていの街の本屋の場合、一人あたりの購入額（客単価）は一〇〇〇円を切っている。だが、キューブリックの客単価は一六〇〇円にもなるという。

キューブリックの取り組みは、単独の店舗にとどまらない。けやき通りという街なかの書店であることを意識して、地域の商店主や地元の編集者、他店の書店員らとつながりをつくり、「ブックオカ」というイベントをはじめた。ブックオカは、ブックと福岡を合わせた造語だ。メインの取り組みは東京発祥の「一箱古本市」。一般から募った出店者が段ボール箱に古書を詰めて持ち寄り、商店の軒先で通りを歩く人に販売するというイベントだ。他店の書店員とともにお勧めの作品を選んだ「激オシ文庫フェア」も福岡県を中心にした書店で展開する。作家などが出演する「書店員ナイト」というトークイベントも定例化した。

「書店は待ちの商売でした。でも、発信をすることでプラスになる。それにクリーンで文化的なイメージを保持している。地域にある本屋は、街づくりの中心になれる存在です」

実は、大井さんは同志社大学を卒業後、東京や大阪でイベント関連の仕事に就いていた。人や地域をつなぐのはお手のものだ。

それとともに、東京では、昼間は実直に働きながら魅力的な活動をしている商店主との出会いがあった。ガラス屋さんが世界的なインダストリアルデザイナーの片腕として知られる人だったり、お茶屋さんがジャン・コクトー展のプロデューサーだったりと、地に足を着けてすがすがしく生きている人々の姿に魅せられた。イタリアで一年間暮らしたときには、中世の都市国家の雰囲気を残しつつ、小さな商店がつながっている姿を目の当たりにした。そんな見聞から、いずれ個人商店をやりたいと思うようになったのだという。

「本が好きだったので、じゃあ書店をやろうと決めたのです」

大井さんは、開店に備え書店関連の書籍や雑誌を読みあさった。私も以前、『物語のある本屋』（一九九四年、アルメディア）という共著書で、全国の特徴的な書店をレポートしたことがあると話したら、思いがけず「参考にさせてもらいました」という答えが返ってきた。長崎書店の長崎さんに鳥取市の定有堂書店を紹介したのは大井さんだった。その大井さんは、『物語のある本屋』で取り上げた定有堂書店に興味を持ち、鳥取に出かけて店主の奈良敏行さんに会い、新規起業の相談に乗ってもらったのだそうだ。

「業界の人に書店を開きたいと話しても『今どき、それは無理でしょう』という反応でした。でも、奈良さんは『同じ独立開業だからいっしょに頑張ろうよ』と励ましてくれました」と、大井さんは振り返る。

ちなみに、定有堂書店の創業は一九八〇年。東京の郵便局に勤めていた奈良さんが妻の実家のある鳥取に転居して開いた店だ。街の本屋として地域の欲求に応えつつ、人文書に力を入れ、店の二階のスペースでは定期的に読書会を開いたり、いっしょにミニコミをつくったり、地元で淡々と暮らす本読みの結節点の役割も担《にな》っている。街の本屋としての「物語」を、本と人とのやり取りを通じて、ともにはぐくんでいる書店だ。当時でも数少なくなっていた脱サラによる独立系の新規書店ではあったけれど、がむしゃらに商売に邁進するのではなく、お客との交流によってともに成長するという、街の本屋のひとつの理想型に見えたものだった。

店のつくりは異なるものの、言われてみれば街や人とかかわるキューブリックと定有堂、ふたつの書店の〝精神〟には、共通するところがあると思わされた。

新規参入を阻害する障壁とは

書店の開業は容易なことではない。キューブリックの立ち上げ資金は四〇〇〇万円に及んだ。

内装費や什器《じゅうき》代、初期在庫などに要する資金のほか、思い切って店舗を購入したからだ。半分は自己資金と親族からの借金で手当てし、残りは銀行融資に頼った。通例であれば、さらに取次に、保証金（取引信認金）を預けなければならない。これが、ばかにならない額だ。

書店人教育に取り組むNPO法人「本の学校」（二九一ページ）が二〇一四年、「いま、本屋をやるには」というシンポジウムを持った。パネリストとなった大井さんは、こんな発言をしている。

〈新規参入の書店が増えない理由というのは単純な話で、取次との取引条件が厳しすぎるからだと思います。私の時は、推定月間売上の3カ月分の保証金、もしくは抵当物件、あと保証人3人でした。これはきついですよね。サラ金だって2人なのに取次は3人ですから〉〈保証人制度というのは日本の若者の夢を阻害しているところがある〉〈新規の書店を増やそうという考えが業界全体にあるのなら、この問題を放置するのはおかしいじゃないかというふうに思っています〉（『変える、広げる　本との出会い』本の学校編、出版メディアパル）

大井さんの場合は、新たに店舗を購入し、店舗を抵当に入れることで、余分な保証金を用立てる必要はなかった。テナントとして家賃を支払い続けるのと比べれば、月々の返済はそれよりも少なくなり、しかも取材時にはほぼ完済できたという。

だが、賃貸で書店を開業すれば、規模や売り上げ見込みにもよるだろうが、取次の保証金だけで、場合によっては四桁の負担増となり、これにテナントの保証金も加わる。店舗を借りて開業すれば安上がりに書店を開けると思いきや、そんなことはない。書店をやりたいという意欲ある若者は二の足を踏むだけだ。

大井さんは、出版業界が伸び盛りのころ、参入障壁《しょうへき》を高くして新規書店を抑えようとしたのではないかと想像する。一方、取次関係者には、産業のピークが過ぎ、倒産・廃業による残債の貸し倒れを回避するために保証金が高騰したとする見方があった。

取次四位の栗田《くりた》出版販売が二〇一五年六月、裁判所に民事再生法適用を申請して倒産した。取次は潰れないという前提で、書店にのみ負担を求めてきた矛盾も顕在化した。

「本の学校で私が問題提起した効果があったのか、その後、取次も保証金の額について柔軟になってきたと聞いています」（大井さん）

そういった〝配慮〟が独立自営による新規の書店を増やし、出版産業を盛り返すひとつの手立てとなるのではないだろうか。

キューブリックは発展を続けている。二〇〇八年には福岡市東区に箱崎《はこざき》店を出店した。大井さんのつれあいが箱崎出身だったという縁でこの場所を選んだ。一階が書店、店内のらせん階段を上った先の二階にカフェを併設した。女性向けの雑貨類の扱いも増やした。

新店舗では、カフェを置くことで、利益率の少ない出版物の売り上げを補《おぎな》い、また、作家の講演会やイベントなどのスペースとして活用することでお客が集まり、本の売り上げにもつながるという循環をつくった。

「本とコーヒーは相性がいい。それに、カフェや雑貨は粗利《あらり》がいい。イベントを持つことでお客さまと強固なつながりができ、コミュニティとしての絆もつくれる。それもこれも好きな本屋を続けるための取り組みです」と大井さんは説明する。

街の本屋がたいへんだ、何とかしなければならないという声は、出版業界内に渦巻く。「でも、大型店ばかりが優遇され、街の本屋は放置されている。そりゃあ潰れますよね。大海に放り出されたヒツジのようなものですから。だからそのことを言い続けることが大事。そして私もやれることはやる。街の本屋としてどこまで闘えるかという勝負です」。大井さんはこう決意を語った。

定有堂などに影響を受け、これを引き継ぐかのように、既存書店やこれから書店をはじめようとする人々に影響を与えるキューブリックの存在は、書店の希望でもあった。

「街づくり」から生まれた新しい本屋

東京からIターン　街おこしに取り組む

書店の新規出店は、そのほとんどが大手チェーンやフランチャイズの系列ばかりになってしまった。いまや個人の独立起業や他産業からの新規参入はかなり珍しい。

福岡市で開かれている本のイベント「ブックオカ」の一環として、二〇一五年十一月中旬、ブックスキューブリック箱崎店内で、「車座《くるまざ》トーク　本と本屋の未来を語ろう」と銘打った催しが開かれた。福岡や東京の出版業界で働く一二人が集まり、二日間にわたって観客とともに本音で業界問題を語り合う、ロングランの座談会だった。

その記録をまとめた『本屋がなくなったら、困るじゃないか　11時間ぐびぐび会議』（西日本新聞社）によると、東京では個人経営の新規書店がこの一〇年間に二軒しかなかったという話が飛び出していた。パネラーのひとりが開業準備を進めていた「本屋Ｔｉｔｌｅ」（二〇一六年一月開店）を加えても三軒だけという衝撃的な事実だ（私の把握している限りでは、ほかに二〇一四年に北区で開店した「青猫《あおねこ》書房」もある。だが、ごく少数の新規参入しかなかったのは間違いない）。

ブックスキューブリック店主の大井実さんは会議で「本屋をやめて物件として貸したほうがよっぽど儲かるという現実もある」と語った。まさに、これが書店の実情である。

だが、厳しい環境にありつつも新たな業態のもと新規開店する書店が現れている。キーワードは〝街おこし〟だ。

山口県周南《しゅうなん》市の徳山《とくやま》駅を降りて徒歩三分、商店街を進むと「ｂｌｏｏｍ＆ｄｒｅａｍ」という看板の掲げられたオシャレなビルが現れる。建物の前はオープンカフェ風。なかに入ると、花屋さんがあり、その向かいにはカフェの注文カウンターと厨房が控え、奥には雑貨と書籍・雑誌の販売フロアが広がっていた。一角には食事を摂《と》ったりできるテーブル席やカウンター席もある。二階に上がると、ここにも飲食客のためのテーブル席があり、その脇にはイベントスペース、さらに美容室もあった。これだけさまざまな店が入居しているにもかかわらず、総床面積一一〇坪、売り場面積八〇坪ほどという、こぢんまりとした複合商業施設だった。

書店は「市庭《いちば》BOOKS」。他店にもそれぞれに屋号があるものの、実はすべて株式会社minnaの運営する店舗となる。三〇人の従業員がそれぞれの店を担当しながら働いていた。オープンは、訪問した前年の二〇一五年七月二十七日という、まだできたばかりの施設である。minnaの社長として全体を切り盛りするのは松本健一朗さん（三十四歳）だ。もともとは東京の生まれで、社会人になってからは広告会社で働いていた。二十八歳のときに、妻の実家のある周南市に引っ越してきた、いわばIターン組だ。

土地勘のない周南市で、なぜこのような事業に取り組むことになったのか。松本さんはこう説明する。

「仕事探しをしていたら、期間限定で市街地の活性化に取り組む徳山商工会議所のタウンマネージメントの求人を見つけ、これが徳山の街と深くつきあうきっかけになりました。ただ、一年半、タウンマネージメントに取り組むなかで、マネージメントという立場ではなく、自らが商業者の一人となり、街づくりのために動こうと、会社を立ち上げたのです」

最初に取り組んだのは、街にパン屋がなくなって困っている、気軽に行けるカフェがないという市民の声に応えるために、ベーカリーカフェを開いたことだ。「オープニングメンバーをかき集め、自分たちで内装工事までやりました。オープン時、二〇〇人を超えるお客さまに来ていただき、中心市街地のパワーをあらためて感じました」と松本さんは振り返る。

最初の店は成功を収め、次の展開を考えることになる。スタッフからはブックカフェもやりたいという声が上がっていた。

駅と街をつなぐ基軸として

市街地をひと巡りしたところ、シャッター街の連なる地方都市とは異なり、寂《さび》れている様子はなかった。毎年、一五軒ほど若い経営者の手になる店も新規開店しているという。

「ただ、飲食ばかりでした。私は街をみんなのものにする、衰退から活性化に向かう変化のためのプラスアルファの事業として物販をやりたかった。ちょうど徳山駅のビルが建て替えられ、二年後に、民間活力を導入する図書館が開館することになっていた。では、新しい駅と新しい店をつなぐ基軸は何かと考えたら、本だと思った。近くに動物園や美術博物館があり、もともと地域の文化度は高い。いっそう街の魅力を高めるには、街に不足していた本屋がマッチすると考えたのです」

新店舗は九階建てのビルの一、二階に入居することになる。空き店舗の発掘やテナントの誘《ゆう》致《ち》に取り組む周南市中心市街地活性化協議会や周南市の支援のもと、国の中心市街地再生事業の補助対象に採択された。

書店の開設に際しては、取次に相談した。ところが「素人からの問い合わせであったので、担当からは高額の資金が必要と言われたのが開業のネック」となる。知人を介して知り合ったブックスキューブリックの大井実さんに助力を頼み、紹介を受けたトーハンと交渉したところ納得のいく線に落ち着いた。新刊の自動配本を受けず、すべて自主仕入れとし、通例、初期在庫は数カ月の支払い猶予《ゆうよ》を受け、猶予期間中の売り上げをもって徐々に代金を支払うかたちにするものの、これも最初に支払うことにした。業界慣習に従うのではなく、他業種を経験したからこそのリアルな判断だ。

市庭BOOKSの売り場は最初、二階に置いていた。九坪のこぢんまりとしたスペースだ。内装や什器、それに選書は、ほぼ大井さんのアドバイスに従った。スタッフに書店の経験者はなく、開店直前には、店長の村田有子さんが大井さんのもとで一週間の研修を受けている。

実際に始動してみると、二階にある書店に気が付かないお客もいた。それでも「一部のお客さまがここの選書はいいね」とほめてくれるようになる。一万円分ぐらいぽんと買っていくお客も現れ、少しずつ書店の存在が認知されていった。

二〇一六年一月にはポイント制度を採り入れ、会員五〇〇人にまで増えた。施設全体の来店客は一日平均で三〇〇人前後、書店の客単価（購入額）は一般的な街の本屋の二倍ほどの二〇〇〇円になった。八月には店舗全体のリニューアルを敢行し、書店を一階に下ろして、雑貨と書籍が混在する売り場に模様替えした。

「試行錯誤を続けています。書店の売り上げは、当初の計画には達していません。でも、収益が上がるようになれば、街の活性化のためという私たちの取り組みがひとつのモデルになるはず。成功すれば、ほかの方も支援していきたい」。松本さんは力強く今後の展望を語る。

一方、〝親離れ〟の機運も出てきた。「自分たちの色を出したいね」と現場で話し合っているそうだ。店長の村田さんは、松本さんとともに書店の見学に赴《おもむ》くなど情報収集に余念がない。新刊発注に松本さんは関与せず、村田さんともうひとりの書店担当が選書する態勢だ。

「最初の棚は大井さんにつくってもらったのですが、一年間を経て、動く本と動かない本がわかってきました。文庫は文庫、書籍は書籍ではなく、内容で棚をつくるとか、いまはいろいろ

minnaの社長として全体を切り盛りする松本健一朗さん

悩んでいるところです。注文を受け、お客さまの顔を覚えると次に声をかけやすくなる。リピーターになっていただけるよう、声かけは意識しています」(村田さん)

二年目に入り、地元の起業家や作家などを招いたトークショーの開催などの構想も膨《ふく》らんできた。

人と人とを結び、つなげる役目を担えるのは、本があればこそ、と松本さんは考える。街の活性化という目標に邁進す

る市庭BOOKSの取り組みに、大いに期待したい。

昭和のアパートメントの「二〇二号室」

広島県尾道市《おのみちし》は、林芙美子《ふみこ》や志賀直哉《しがなおや》ら文学者ゆかりの地として知られる。尾道出身の映画監督、大林宣彦《のぶひこ》が撮った「転校生」などの舞台としても全国区の知名度がある。尾道駅の後背地、山手側は映画などで見たとおり、尾道三山の急斜面に瀟洒《しょうしゃ》な洋館や邸宅の建つ「坂のまち」でもあった。まさに〝ザ・観光地〟といった、たたずまいである。

だが、少子・高齢化の波は尾道にも及ぶ。街なかには空き家が増え、傾斜地のために建て替えもままならない山手側は深刻な状況になっていた。そんな状況を打開するためにNPO法人尾道空き家再生プロジェクトが建物のリノベーションに取り組み、結果、移住者や新店舗の出店が相次ぐようになった。

三軒家アパートメントもそのひとつ。築六〇年以上になる、全棟空き家になった風呂なしトイレ共同のアパートをショップや工房、ギャラリーなどの入居できる施設として再生し、入居者どうし自ら改修しながら快適な空間をつくりだしているという。二〇一五年四月にオープンした「ホホホ座尾道店コウガメ」という書店もあると聞き、開店のほぼ一年後、興味津々、出かけてみた。

尾道駅の西側、徒歩数分という案内を見ていたので、すぐにたどり着くだろうと思ったら道

再生したアパートの２階に入居するホホホ座尾道店コウガメ

に迷ってしまった。地図と家並みを見比べると、人がすれ違うのもやっとのような狭い路地の先にあるようだった。しばらく行くと、小さな中庭のある古めかしい二階建ての建物を見つけた。ほんとうに外見はアパートそのもの。なかに入り、ギシギシしなる階段を上ると二〇二号室にホホホ座尾道店があった。ところがカギが閉まっていて、扉の前には「下の56カフェにいます。ご用の方は声をかけてください」とあった。「ネコがいるので扉を閉めてください」という貼り紙もある。もういちど下に降り、56カフェというアパート内の喫茶店で店主の髙亀理子さん（二十八歳）に会うことができた。

店に入ると、子ネコが走り寄ってきた。カタカタという音に振り返ると、水槽のなかで二匹のカメが動き回っていた。子ネコもカメも店のマスコットだ。

店内は横長の八畳ほど。ゆったりとした陳列なので、圧迫感はまったくない。販売しているのは、髙亀さんのつくる焼き菓子やジャム、古風なうつわや雑貨、アクセサリー、それに衣食住にまつわる書籍や雑誌、見かけたことのないリトルプレスが並んでいた。

ホホホ座尾道店コウガメ店主の髙亀理子さん

二カ月後再訪して、髙亀さんに店の成り立ちや書店経営の状況を聞いた。

髙亀さんは尾道市の隣、福山市の出身。京都の大学を卒業後、そのまま京都に残り、アパレルや古道具の買い付けの仕事をしていた。実家は福山市で紅茶専門店を営み、いずれは引き継ぎたいと考え、一年ほどパン屋でも修業を積んだ。その後、帰郷し、お菓子の出張販売をしながら、店舗展開を目指すことになる。ところが、事情があって実家の店は使えなくなってしまう。

「福山に戻ってみると、暇つぶしに本をめくったり、好きなものに触れたりする空間がなかった。自分には合わない街だなと思っていたところに、尾道で古い建物を再生し、定着していることを知りました。ここで食べ物と好きな作家との出合いを提案できればなあと思ったんです」

店舗を探しはじめると、友人が「あそこが空いていたよ」と三軒家アパートメントを教えてくれた。家賃は破格だった。

出版物を扱うことにしたのは、京都で新刊や古書、雑貨を扱うホホホ座の経営者の知遇《ちぐう》を得たのがきっかけ。仕入れ先の紹介や品揃えなどのアドバイスを受けた。髙亀さんにとって、ホホホ座の前身のひとつ、ガケ書房はお客として通っていたなじみの書店でもあった。

「ホホホ座を名乗る予定はなかったんです。ガケ書房がホホホ座に変わるタイミングと重なり、話題になればいいから、ホホホ座の名前を使ってもいいよと言ってもらえた。経営はまったく別です。最初は、それほど本は多くありませんでした。でも、尾道では大型書店が撤退していたこともあり、『この本を入れてもらえない？』『こういう本を探しているんだけど』と声をかけられ、書店として期待されているのだなあと、徐々に本を増やしていきました」

開店時の初期費用は、内装を自分でこなすなど安く済んだ。新刊の仕入れ先は、児童書専門店のクレヨンハウスの関連会社「子どもの文化普及協会」を主にした。出版社のミシマ社やリトルプレスの発行元などとは直取引。古書の仕入れは、広島や京都の無店舗販売の古書店に頼る。

常連客が六割、残りは周辺の街の人や評判を聞きつけた観光客らだ。「この部屋におじいちゃんが住んでいたんです」と懐かしそうに話してくれたお客もいた。時々、原画展や音楽ライブも企画し、それも知名度アップにつながっている。一日あたりの売り上げは、いまのところ店舗よりも、周辺のイベントに出向く出張販売のほうが多い。低廉《ていれん》な家賃と利益率の高い焼き菓子が経営を支える。

「一概には、本屋とは言えない。でも本を通じてつきあいが広がり、本がコミュニケーションツールになっている。私の店ができて以降、本を扱いたいという人が現れ、尾道に新しく二軒の古本屋も開店しました」

空き家再生プロジェクトの山﨑春奈さん

空き家再生プロジェクトのスタッフ、山﨑春奈さん（二十五歳）も広島市から移住した一人だ。若い芸術家や音楽家も移り住み、文化的な雰囲気が醸成《じょうせい》されているという。

「斜面地には三〇〇軒、エリア全体では五〇〇軒の空き家があります。坂道の家に住めばかなりの運動になりますよ」と、山﨑さんは太り気味の私にも移住を勧めてくれた。ちなみに髙亀さんは六部屋ある家に暮らし、家賃は一万二〇〇〇円と、これも超破格だ。

〝ホホホ座尾道店効果〟も表れてきた。「髙亀さんがやってきて、人の流れができたのは確かです。あえて書店を誘致しているわけではありませんが、別のＮＰＯが映画館を再生したり、美術館もあるのに、本屋がなくなっていくのは寂しいなというのはありました。東京の下北沢が古着の街であるように、尾道は本の街のようになって、店を巡れるようになればという気持ちがわいています」（山﨑さん）という。

すでに、ある中堅書店とは、空き家再生プロジェクトと共同で何らかの取り組みができないかと相談を始めているそうだ。

尾道で一軒の新しい書店が投じた一石は、静かに波紋を広げつつある。

独立系書店の棚から見える本屋の未来

〝本屋好き〟は変わらず存在する。とりわけ、ライフスタイルものなど店主の好みを反映したセレクト書店や飲食を楽しみながら読書のできるブックカフェ、開放的な装いで居心地のいい空間を演出する大型店など、流行の先端を行くオシャレ系のショップに耳目《じもく》が集まる。一方で、街の本屋を筆頭に、旧来型の書店の閉店・廃業はとまらない。その上、近年は、個人が新規起業した新刊販売メインの独立系書店は数えるほどしかなくなってしまった。付加価値の少ない、ごくふつうの新刊書店にとって、まさに冬の時代と言っていい。

困難な時代であっても街の本屋が街の本屋として成り立ってほしいと願いつつ、さまざまなかたちで奮闘する書店を見てきた。三つの新規書店の取り組みから、書店の未来の一端に触れてみたい。

すべて独力で書店を開業

街の本屋として起死回生を果たした熊本市の長崎書店（一一八ページ）からほど近い裏通り

の小さなビルの二階に「ｍｙ ｃｈａｉｒ ｂｏｏｋｓ」があった。書店直販を基本にする人文系の出版社、トランスビュー社長の工藤秀之さんに面白い本屋ができたと聞き、長崎書店の取材にあわせて、出かけてみることにした。開店は二〇一五年七月三日、訪問したのはその一週間後。まさに、できたてほやほやの書店に巡り合うことになった。

八坪弱の店内には古書と新刊書、それにジンなどのミニコミがゆったりと並べられていた。新刊書の仕入れは出版社との直取引という。トランスビューのほか、書店からの注文に応じて直接送り届けるのを基本にする出版社や太田出版などの中堅出版社が主な取引先だった。『ＺＥＮ ＦＯＴＯ ＧＡＬＬＥＲＹ』というインディペンデントな出版社の写真集や『趣味と實《じつ》益《えき》』というレトロ感のある奇抜なミニコミ誌なども置いてあった。立ち上げ時点で店頭に並ぶのは一〇〇社四〇〇タイトルになったという。

店主の藏原広人さん（二十六歳）は、「ぼくが読みたい本、好きな本を集めていきたい。整理されたジャンルではなく、わざとごちゃごちゃしたような、来るたびに変化があって楽しめるような。できるだけ来てくれる方が楽しめるような品揃えにしていきたい」と、店の特徴を説明する。

藏原さんはこの年の二月までサラリーマンだった。しかし、勤務していた地元の大手企業「県民百貨店」が再開発の余波で廃業してしまう。

「しばらくぷらぷらしていたのですが、何か店ができたらいいなと考えていて、ぱっと思いついたのが本屋。写真集と芸術書プラス古本でいこうと決めたものの、何をどうすればいいのかわからなかったので、出版業の本を読んで勉強しました。前の職場ではお菓子売り場を担当していた。お菓子は問屋がないので、出版社とも同じように直でやれると思ったんです。出版社にがんがんメールを送ったら、取引できるようになった。断られたところは一社もありません」

家賃は七万円強だ。開業に要した資金は、テナントの敷金と保証金で五三万円、内装のほとんどは自分でやったので備品込みで三〇万円分となった。商品代は先払いで、商品は売価で一二〇万円分となった。商品代は先払いで買い取りのところもあれば、一カ月後払いで返品も可という条件のところもあるという。同規模のごくふつうの新刊書店の立ち上げと比べると、初期費用は、一ケタ少ない額で済んだと言っている。

my chair books は取次とは取引せず、200万円以下の自己資金で開店した

「ぼくひとりが生活できるレベルでいい。利幅の大きい古本と組み合わせているので、月八〇万円ぐらいの売り上げなら、前にいた会社の給料ぐらいの利益にはなります」と、藏原さんは当面の目標を語る。

実は、新刊書店をやりたいという若者は少なくない。だが、かなりの額の開業資金が必要だと知り、諦めたという話をよく聞く。それでも本を売る世界で生きていきたいという人は、古書店に参入するのが常だ。稀覯本《きこうぼん》（珍しい本）でなければ、もともとの定価よりも安く仕入れられ、売価も自分で決められる。古書店の利益率は五割から六割になるから、新刊書店の利益率二二パーセント前後とは雲泥の差だ。

新規参入障壁も、出版業界における大きな課題のひとつである。藏原さんは出版社との直取引を選んだことで障壁を突破し、書店業に進出できた。取次に頼らずとも書店ができるという、ひとつの希望を指し示していた。

思案のなかで出合った本屋という仕事

二〇一七年四月。昼前に着いた鳥取県湯梨浜《ゆりはま》町のＪＲ山陰本線松崎駅を降りると、正面には「歓迎　東郷温泉」と掲げられたアーチがあった。アーチの先には、海水と淡水の混じり合う汽水湖《きすいこ》の東郷湖が小雨のなか、うっすらと見えている。

駅前で待っていると、作業着姿の森哲也さん（三十歳）が笑顔をたたえてやってきた。森さんは「汽水空港」という奇妙な名前の書店を営む。

「店に行く前に松崎の街を案内します」。古風な商店の連なるメインストリートを歩いた。かつて新刊書店があったというものの、すでに廃業していた。一方、街のところどころに交流スペースがあり、穏やかな雰囲気も漂っている。途中、カフェとゲストハウス、シェアハウスを併設した「たみ」というスペースに寄った。地域の人々と移住者をつなぐ交流の場という。森さんなじみの場所だ。

裏道を歩くと、美容院があった。なかから手を振る女性がいた。森さんの婚約者だという。さらに進んで小路を抜けると、東郷湖の景色が眼前に広がった。その正面に汽水空港の小さな店舗があった。ただ、汽水空港は休店中。改装作業の真っ最中であった。

実は、森さんも移住者のひとりだ。大学時代は千葉県に暮らし、将来どうあるべきか考えていたときに、東京・下北沢にある古書店「気流舎《きりゅうしゃ》」で、レイモンド・マンゴーの『就職しないで生きるには』（晶文社）に出合う。アメリカの青年が小さな書店を開く過程を綴《つづ》った本だ。

「汽水空港」を立ち上げた森哲也さん

「昔から会社員になれないだろうなと思っていました。でも何をしたらいいのかわからない。悩みながら音楽をやったり、書店巡りをしたり、ぷらぷらしていました。そんなとき書店で開かれていた教室に出てみたんです。これが面白くて。学ぶ楽しさを知り、ぼくの学校になった。大学二年からはずっと本を読んでいました。次第に自分も本屋ができたならと思いはじめたのです」

本や人々とのつきあいを通じて考えたのは、消費するだけではなく、生み出す生活をしようということだった。大学卒業後、まずは埼玉や栃木の農家に住み込み、有機農業に携《たずさ》わった。いずれは生まれ故郷のある西日本に移住し、畑を耕しながら、書店をやろうと決意していた。

東日本大震災があり、森さんの計画は早まった。最初に移住したのは鳥取県内のある集落であった。ところが、駅から遠い。書店を開くには条件が合わなかった。そんなとき巡り合ったのが、湯梨浜町への移住者を募っていた「たみ」の経営者だった。

紹介を受けたのは、物件が安く、畑も借りられ、駅からも近いという絶好の地。引っ越すことにした。店舗として借りたのは、車庫だった建物。家賃は月五〇〇〇円と破格だ。左官屋でアルバイトをしながら、休日には建物の改修作業を進めた。同時に、庭には自力で小屋を建てて住むことにした。

三年がかりの準備期間を経てオープンしたのが二〇一五年十月十日。店名は、東郷湖から取った「汽水」と、人が行き交う場である「空港」を合わせ、汽水空港とした。店を開けるのは週五日。その後、土日の二日とした。売り上げは多いときで月一五万円ほど。利益は数万円にしかならないものの、暮らしていくにはほどほどの額だ。隣接する家屋も借りて店舗を広げる計画を立てた。

しかし二〇一六年十月二十一日、鳥取県中部地震が襲い、汽水空港も被害を受ける。やむなく休業した。森さんは、平日に職業訓練校で溶接を学び、土日に改修作業を続けているところだ。再オープンは二〇一七年十月十日と決めてある。最初の開店の日にあわせた。

訪問時には、書店の面影はなかった。壁を剝《は》がし、なかの木枠が剝《む》き出しのまま。床には廃材が積まれている。いったいどんな品揃えの店だったのか。そして再開後、どんな店を構想しているのだろうか。

「以前は、自分が面白いと思った新刊や古書だけを置いていました。カウンターカルチャーやビートゼネレーションと呼ばれる文学、建築、哲学、人文書など。でも、もう少し地域の需要に応えたい。農業とか裁縫《さいほう》とか、まわりの人に必要な本です。リニューアル後には、本との予期せぬ出合いを楽しんでほしい」

森さんの話を聞いて、あらためて書店の価値を教えられたことがある。本屋は本を媒介にすると、何でもできるということだ。

「世の中にあるもの、出来事、何でも本になっている。そこから生きるための知識が得られます。書店という場では、ライブをやってもいい。溶接を見せてもいい。店に入るのに入場料もない。それが、本屋です」

いずれは故郷の九州に二号店を開きたいという。東京や大阪のような都会ではなく、「田舎に気持ちのいい世界をつくりたい」のだそうだ。

「個人でも本屋はできる」と伝えたい

東京のＪＲ中央線荻窪《おぎくぼ》駅から徒歩十数分。古めかしくもモダンさを感じさせる建物が見えてきた。店名の書かれた青いひさしが印象的だ。ガラス戸を開けて二〇坪の小さな店内に入ると若い女性や壮年、高齢者などお客が五、六人いた。静かなたたずまいのなか、それぞれがじっくりと棚を眺め、本を手に取っている。奥を覗くと、キッチンが見える。カウンター席とふた組のテーブル席があるカフェコーナーだ。見上げると天井板はなく、焦げ茶色のでんとした梁《はり》が目に入る。店の中央あたりには急な階段があり、ぎしぎしという音を聞きながら、二階に上ると、そこはギャラリーになっていた。

　肝心の棚を見ると、人文書やビジュアル書、海外文学書などがぎっしりと並ぶ。それほど大きなスペースではないものの、週刊誌や月刊誌のコーナーもある。近所の住民の日常の需要に応える最寄り書店の役割も果たしているようだ。階段の手前の棚には、ミニコミ誌やジンが面《めん》出《だ》しで陳列されているのも目を惹く。

　訪れたのは「本屋Ｔｉｔｌｅ」。二〇一六年一月十日に開店したばかりの新刊書店だ。だが、知名度はすでに全国区。新規の街の書店が少なくなったところに現れた、本格派の書店として注目を集める存在である。開店からまだ一年三カ月後の、二〇一七年四月に訪問した。

　店主は辻山良雄さん（四十四歳）だ。もともとは書店チェーンのリブロに一八年間籍を置き、最後は旗艦店《きかんてん》の池袋本店で統括マネージャーを務めていたベテラン書店員である。家主の都合でリブロ池袋本店が撤退することになったのを機に、独立した。池袋本店を彷彿とさせる品揃えや陳列なのも納得である。

　辻山さんは、開店一年後『本屋、はじめました』（苦楽堂）という単行本を著した。自らの経験や思い、Ｔｉｔｌｅの事業計画、経営状況などを余すことなく公開したものだ。

「ネット書店とは違い、街の本屋というのはお客さまとのつながりによって成り立っています。本を書いたことで、来てみようというお客さまが増えました。札幌や九州からいらっしゃった方もいます」

本格派書店として注目を集める「本屋 Title」の辻山良雄さん

書店開業の手引書としても役立つ内容である。

「個人では本屋ができないというのは都市伝説のようなものです。こういうかたちでやれると伝えたかった。これまで書店主が書いた本は、何年後かに振り返るかたちのものが多かった。この本は現在進行形。いましか書けないことを書きました。私の経験を伝えて、世の中のプラスになればと思ったのです」と辻山さんは語る。

Ｔｉｔｌｅは既存のオシャレ系の書店と一線を画すのも特徴だ。

著書では、似たり寄ったりの「金太郎飴書店」では自分がやる意味がないとしつつ、同時に〈店主が厳選した品揃えを提案する、いわゆる「セレクト書店」というものにも抵抗がありました〉と書いていた。

辻山さんの場合は、自分の嗜好《しこう》に寄せたコアのものを四割、世間に広く受け入れられているもののなかから六割というバランスを取った。開店後は、売れ方を見ながら軌道修正を加えていった。

「中央線沿線の方は、本に慣れている人が多い。うちではみすず書房の本がよく売れます。著者では鶴見俊輔が売れ筋。変わったことをしているつもりはありません。ただ、東野圭吾《ひがしのけいご》は売れない。ああうちではダメなんだなあと思いましたね」

体感的には、お客の割合は地元六割、それ以外四割という。意外なことに『コロコロコミック』も毎月一〇冊ぐらい売れる。子育て中のファミリー層にも訴求しているようだ。

「昔ならいい店をつくったら、それだけでお客さんが付き、成り立っていたのかもしれません。でも、いまは一冊一冊吟味《ぎんみ》して仕入れ、同じような比率でこんな本が入ったと知らせていかなければなりません。それはそれで大変ですが、いろいろな人とつながりをつくり、ツイッターなどをつかって自分が情報発信者となるのも楽しいものです」

それぞれがユニークかつ対照的な行き方である。これらの店に触れて、本屋のイメージを広げることができたのは、まさに僥倖《ぎょうこう》だった。

第5章 震災を超えて

二〇一一年三月十一日午後二時四十六分、東北の三陸沖を震源にして発生したマグニチュード九・〇の大地震は、強烈な揺れとともに津波を発生させ、岩手、宮城、福島を中心にした太平洋沿岸部の家々や街々、インフラなどを破壊し、震災関連死を含めると二万人近くの人が亡くなった。地震や津波で家を失ったり、損壊《そんかい》したりした数十万人に及ぶ人々も避難生活を余儀なくされることになる。その上、津波に襲われた東京電力福島第一原子力発電所が水素爆発を起こし、近隣の人々は強制避難となった。震災から六年を経ても、いまだに復興の途上。第一原発近くの町々は、復旧さえままならない。

二〇一六年四月十四日、十六日には、震度七を記録する大地震が熊本地方を襲った。多くの家屋が倒壊し、二百人以上の犠牲者を出した。地滑りや橋の崩落《ほうらく》、ダムの決壊なども加わり、避難生活を余儀なくされた人々も多数に上った。

これらの地域では、書店も大きな被害を受けている。東日本大震災では、津波にのまれたり、建物が損傷したりして閉店した書店は少なくない。一家全員が津波で亡くなった書店もある。原発事故による旧避難地域では、人が減って成り立たないと再開を断念する書店が現れている。熊本地震では、店舗が倒壊し、やむなく閉店した書店もあった。

その一方で、損傷した建物を修復して営業を再開したり、仮設店舗で細々と営業を続けたり、避難先で外商活動をはじめたりと、書店業を継続しようと奮闘する人々がいる。なかには、被災地で新たに書店をはじめたり、はじめようとしたりする動きも出てきた。

東日本大震災から六年目と七年目の春には、岩手、宮城、福島の太平洋沿岸部の書店を中心に巡り、熊本地震から二カ月後には熊本県内の書店の状況を取材した。この二年間を時間の流れとともに報告する。

二〇一六年春　東日本大震災の被災地の書店

◆岩手・三陸沿岸の本屋を巡る

震災後に訪れた被災書店へ、再び

津波の被害を受け、その後再開したと聞いた、宮城県の沿岸の都市にあるチェーン書店を覗《のぞ》いたことがあった。海岸近くの家々のほとんどは津波で流されていたけれど、頑丈そうな鉄筋の建物が並んでいた市街地は、ところどころ津波の跡らしき空き地が点在するだけで、日常を取り戻しているかのように見えた。

忙しそうに働いていた書店員に声をかけて、「ここにはどのぐらいの津波が襲ってきたんですか」と尋ねると、手のひらを下に向け、首のあたりに掲げた。まだ語りたくないという意思

表示なのか、彼女はずっと無言だった。唐突に質問した自分自身の無神経さに、恥じ入るしかなかった……。

取次《とりつぎ》の業界団体、日本出版取次協会（取協）が二〇一一年四月にまとめた被災状況の調査によると、岩手、宮城、福島を筆頭に一都一道一四県、七八七店の書店が何らかの被害にあった。全壊・半壊一〇四店、浸水・水濡れ五三店、商品汚破損六三〇店という内訳だ。被害金額も商品だけで推定約五〇億円に達した。修理、撤去、建て替えなどの費用を加えればさらに膨大な額だった。

取次や出版社は、売り物にならなくなった書籍・雑誌の大半を書店が返品したものとして扱うことで代金の支払いを免除するなど、経済的な面から支援した。無償で書店に書籍・雑誌を提供した出版社もある。被災書店が扱っていた文具や雑貨などのなかには代金の請求もあったというから、仲間意識を反映した出版業界の〝絆〟はいっそう際立《きわだ》っていた。

被災書店の多くはその後、復旧・再建を果たした。だが、津波で店が流されただけでなく、一家全員が亡くなって途絶《とぜつ》した書店、原発事故で警戒区域に指定され、休業・閉店を余儀なくされた書店、復活の目処《めど》が立たないまま廃業を選んだ書店なども数多くある。

震災から二年後、冒頭の書店や岩手、宮城の三陸沿岸の書店に足を運んだ。甚大な被害を受けながら仮設店舗で再起を目指す書店、いち早く新店舗を立ち上げて平時を取り戻したかに見えた書店、さらに、新たに書店業に転身した人にも会った。福島では、警戒区域に指定されたため、許可がなければ立ち入りのできなくなった私の故郷の町々を時々まわり、市街地に残された書店の様子を確かめてきた。

あれからまた、数年が過ぎた。被災した書店はどうなっているのだろうか。二〇一六年の春、岩手の沿岸部を歩いた。

津波のあとにやってきたもの

釜石《かまいし》市の中心市街地から少しはずれたところに、三棟のプレハブが軒《のき》を連ねた青葉公園商店街がある。美容院や酒屋、商店などが入居しているものの、ところどころが空き店舗になっていた。以前、中庭にあった震災支援団体の建物も撤去されていた。すでに次の段階に進んでいる人々がいることを窺《うかが》わせる。

けれども、桑畑《くわはた》書店は以前のまま、仮設店舗で営業していた。九坪という、こぢんまりとした店だ。入りきらない雑誌棚は廊下に置かれている。

もともとは釜石駅から港の方向に進んだ大通り沿いにあった。一九三五年に創業し、二〇年前に売り場面積七〇坪、ホール二〇坪の二階建ての店舗に建て替えていた。市内では一、二の規模を競う書店であった。

店主は、創業者の祖父から数えて三代目となる桑畑眞一さん（六十二歳）。店では、読み聞かせの会などのイベントを定期的に開いていた。近くに釜石製鉄所や釜石港があったことから、製鉄関連の専門書や海事書が充実していた。製鉄所のほか市役所や学校、企業などを取引先に、手広く外商も展開していた。年中無休で、桑畑さんは寝る間を惜しんで働き続けていたという。

二〇一一年三月十一日、その桑畑書店を地震が襲った。店内にものが散乱するなか、桑畑さんは従業員を先に自宅に帰し、妻と義母とともに車で避難しようとしたそのとき、道路の先から津波が見えた。急発進して間一髪、難を逃れることができた。だが、津波は店舗をのみ込み、外壁の一部と鉄骨だけが残った。流出した自宅を含め、被害額は一億円を超えた。

三週間後、従業員らと片付けをしているとき、泥まみれになった外商先の台帳を見つけた。釜石駅近くに外商用の事務所を借り、この台帳と記憶を頼りに、自転車で得意先を巡って取引の継続を頼み、再建の一歩とした。数年後のかさ上げ工事を待ちつつ、いまの仮設店舗で営業を続け、いずれは被災した建物を改築して同じ場所で店を再開するつもりであった。

津波にのまれた釜石市・桑畑書店の店舗（2013年11月撮影）

ところが、もとの店から数百メートルのところに、市の肝いりでショッピングセンターがつくられ、県内のチェーン書店が出店した。一八三坪の大型店舗だ。

さらに追い打ちをかける出来事があった。店舗の建っていた借地を返してほしいと地主に頼まれたのである。

被災した家屋や店舗は当初、行政が撤去費用を負担してくれたものの、タイミングを逸《いっ》し、自腹で更地にするしかなかった。これに五〇〇万円もかかってしまう。

考えに考え抜き、昨年はじめ、売り場面積が半減するものの、新たに建てられる復興住宅の一階にテナントとして入ることにした。しかし、赤字がかさみ、断念せざるを得なくなる。年一億円を超えていた売り上げは三分の一になっていた。

「もとのようにやりたいと思ったので、ずるずるときてしまった」と桑畑さんは悔やむ。

再建の目処は立たない。あと数年は仮設店舗でやっていくしかないという。それでも「本屋は好きなんです。子どもはいないのですが、あと一〇年は本屋を続けたい」と桑畑さんは語る。再び地域の人々であふれる書店として、新しい店が復活してほしいと願わずにはいられなかった。

桑畑書店の桑畑眞一社長

釜石市の東隣、大槌《おおつち》町の国道四五号線のバイパス沿いに、ショッピングセンター「シーサイドタウンマスト」がある。震災時、津波は海から二キロメートル離れたマストの二階まで届き、二〇一一年十二月まで休業した。当時入居していた書店は再開を断念。入れ替わりに開店したのが一《いち》頁《ページ》堂《どう》書店だ。

店長は木村薫さん（五十一歳）。自宅が津波に襲われ、勤めていた化学工場も流出した。会社からは他県に転勤しては、と勧められたものの、岩手を離れたくないと思い、身の振り方を考えていたとき、実家が印刷会社だったつれあいの里美さんのもとに、マストの事務局と取次から書店をはじめないかとの提案があった。まったくの門外漢だったものの、木村さん夫婦は、独立自営で書店の開業を決めることになる。

「地元に残りたい、町の人たちの役に立ちたい、そして生活のために、ということではじめた店です」

売り場面積は六〇坪。オールジャンルの商品をまんべんなく取り揃えた、典型的なインショップ型の書店だ。

同時に、被災地の書店としての気遣いにあふれた棚が目を惹く。

とりわけ重きを置いているのが学習参考書だ。震災によって学校が統廃合したり、電車が不通となったり、狭い仮設住宅暮らしとなったり、子どもたちの学習環境が大きく変化してしまった。取次に「参考書は売れない」と言われたものの、そんな子どもたちを手助けしたいと考えたからだ。医大生の息子の意見も取り入れながら、品揃えをした。

もうひとつの柱は児童書だ。結婚前、保母だった里美さんは息子にたくさんの本を読み聞かせて子育てに役立てた。その経験をお客にも伝えたいと考えた。売り場では、読み聞かせの会も開く。親とともにマストにやってきた幼児が「ぼく絵本屋さんに行ってくる」と言って、店に駆け込んでくる姿も見られるようになった。

被災した小中高校生の支援にも取り組む。震災で親を亡くした町内の子どもたちに、学校を通じて一頁堂書店独自の図書券を配布し、好きな本を買ってもらうことにした。今年は四二人の子どもたちが図書券を手にした。木村さんは、震災のときに生まれた子たちが十八歳になるまで続けると言う。

ただ、書店業をはじめて四年、その厳しさもひしひしと感じているところだ。マストは、周辺の市町村では最大規模のショッピングセンターだった。しかし、隣の釜石市にショッピングセンターができたために、人の流れが変わってしまった。

「土日の人の波がすとんと落ちてしまいました。開店当初は、震災関連と雑誌、コミックに支えられたのですが、これらが落ち込んでダメージを受けています」

出版社の協力のもと、マンガのキャラクターとの握手会などのイベントも開いてき

大槌町・一頁堂書店の震災関連書コーナー

た。保育園などに宣伝してやっとのことで人を集めたものの、なかなか売り上げにつながらない。

「いまはあまり売れないのですが、震災本は一番いいところに集めています。被災地の書店の役目かなと思って、しばらくはこのままにするつもりです」

一頁堂書店のロゴは、縁のあった歌手の上條恒彦《かみじようつねひこ》さんが力強く揮毫《きごう》したもの。被災地の書店としても街の本屋としても、上條さんの筆のように、粘り強く頑張ってほしい。

街の復興とともに

三陸沿岸を走るJR大船渡《おおふなと》線は津波で寸断されてしまった。鉄路の一部は舗装され、バス高速輸送システム（BRT）の専用道に変わった。大船渡市は復興工事の喧噪《けんそう》のなかにあった。

みなとや書店「ブックボーイ大船渡店」は、駅前にある仮設の「おおふなと夢商店街」を通り過ぎた国道四五号線沿いにある。震災前は、目と鼻の先の同じ通りで営業していたものの、津波の被害を受け、一時、夢商店街で営業したあと、二〇一三年二月、店舗面積二〇〇坪の新たな店舗を構え、本設再開を果たしている。

店内は、車椅子でも回れるように通路を広く取り、子どもや女性向けの本を充実させた。五〇台収容可能な広々とした駐車場にもした。社長の佐藤勝也さん（七十三歳）が思いを込めてつくった店だ。二〇一三年に訪問したときに隅々まで見せてもらっていた。

再訪すると、佐藤さんは第一線から退《しりぞ》いていた。一年前、脳出血で倒れ、半身が麻痺《まひ》してしまった。店に顔を出すのは週に一度ほどという。現在、店を担《にな》っているのは娘夫婦だ。

「店の再建のために努力奮闘しました。商店街の復興もここ一、二年のうちにはある程度のものができる見通しになりました。でも、病気でかかわれなくなった。幸いしゃべることはできるようになりました。役に立てることで貢献したい」

ただ、客数は震災前より減ってしまった。

「最初の計画では、人口は減っても本屋は必要だと思ったんです。ところが、考えていた以上に厳しかった。ここに人が戻るには、時間がかかる。私の代ではないと思うんですよ。娘夫婦には街のためにもふんばってほしい」

と佐藤さんは言う。

「再建の際は、みんなに助けられました。本屋のこれからは、弱気の言葉で言うとたいへんの一言です。でも、たいへんで終わったらつまらなくなる。言っていることは後ろ向きだけど、気持ちは前向き。どう頑張っていくかです」

佐藤さんの偽らざる気持ちだった。

大船渡市・みなとや書店の佐藤勝也社長

五〇坪の仮設店舗が紡ぐ希望

陸前高田市《りくぜんたかた》の山十《やまじゅう》・伊東文具店は、創業地の本店と文具店のほか「奇跡の一本松」が残った高田松原海岸近くのショッピングセンター内に「ブックランドいとう」を展開していた。津波ですべてが流され、会長の伊東孝さん（六十二歳）とともに店を切り盛りしていた社長の弟、その妻、甥《おい》っ子の親族三人、従業員一人を失った。

　伊東さんは、弟一家を必死に探し回り、最後まで安否のわからなかった義妹を見つけて荼毘《だび》に付したのを区切りに、店の再建に取り組んだ。最初は、一二坪のプレハブ造りの急ごしらえの店舗だった。次は避難所に暮らす人々から「もとの本屋はいつ再開するのですか」という励ましと期待の言葉に押され、自前で三〇坪の仮設店舗を建てた。そして二〇一二年十月には、国の補助を受け、売り場面積五〇坪の仮設店舗に移転した。什器《じゅうき》などの設備はすべて自己負担だ。

陸前高田市・伊東文具店の伊東孝会長

　プレハブ造りであることを除けば、店内はふつうの街の本屋と変わらない品揃えである。なかでも児童書やコミック、文庫などが充実しているという印象だ。それとともに震災関連書を集めた棚や一本松を描いた自社製作のグッズ類の売り場が目を惹《ひ》く。訪れたときは、文具や雑貨などを詰め合わせた福袋セールも展開していた。

「しばらくは観光客がけっこう来店し、震災本やグッズがよく売れましたが、最近はそういうお客さんは少なくなりました。街の人口も減っているので、本屋だけでは厳しい。幸いうちは文具あり、CDあり、プラスして教科書あり、学校や会社への営業活動あり。そして事務用品も扱っているので、これらでうまく回っていると思います」

新たな展望も開けてきた。伊東さんは、商工会の商工業復興ビジョン推進委員会の委員長として街の将来構想を策定。かさ上げ工事を終えた市の中心部に、大型商業施設を建設し、他の商店とともに入居することになった。施設は二〇一六年七月着工、翌春竣工《しゅんこう》という段取りだ。

「あっという間の五年でした。店を再建し、商店街が再開する。自分の家を建てるという目標もある。一つ一つ実現が近づいています。いまが正念場です」

プレハブ造りの伊東文具店仮設店舗の外観

震災後、娘さんもいっしょに働くようになった。その娘さんは「伊東文具店だより」という手書きのチラシも作成している。勢いを感じさせる筆致《ひっち》が、伊東文具店のいまを反映しているようだった。

岩手の被災書店の現状はさまざまであった。悩ましい状況にある書店もあれば、本格再建の見通しが立った書店もある。外からは、苦難に見舞われた五年という歳月に思いをいたすしかないけれど、地域の読者のために奮闘する書店が確かにあった。

◆宮城沿岸部　被災地の本屋を訪ねる

「前に進む」と決断し、再建へ

「岡部書店さんは、たいへんな被害に遭《あ》ったのに、メディアにほとんど取り上げられていませんでした」

ある書店にこう教えてもらったのは、石巻市《いしのまき》の中心市街地から女川《おながわ》街道を東に進んで七、八キロメートル、渡波《わたのは》地区にあるイオンスーパーセンター石巻東店内で営業する「おかべ本屋さん」だった。さっそく店に電話を入れると「はい、おかべ本屋です」という応答。屋号に「さん」と付いているけれど、自《みずか》ら名乗るときは「おかべ本屋」になるのかと、妙に感心してしまった。

おかべ本屋さんの入居するイオンは、なんの変哲もないスーパーだった。店舗は、ゲームコーナーの脇、ロッテリアなどが並ぶ一角にあった。人の背丈よりも少し低い壁で売り場をぐるりと囲み、高さ一〇メートルはありそうな天井とその間は吹き抜けという開放的な空間だ。

天井が高く開放的な、石巻市「おかべ本屋さん」の店内

　おかべ本屋さんは、岡部薬局の一部門になる。以前は岡部書店名で文具などの複合店二店舗を展開していたものの、津波によって同じ場所での書店の再開がままならなくなり、イオンのテナントとして入居したのを機に、優しい雰囲気の「おかべ本屋さん」に屋号を変えたそうだ。

　迎えてくれたのは、岡部薬局専務の岡部栄二さん（五十六歳）。基本的に、栄二さんが書店、社長である兄の栄穂さんが薬局を見る態勢になっているという。

二〇一一年三月十一日、岡部さんは息子の卒業式に出席し、仕事に戻った午後、車の中で地震に遭遇した。後生橋《ごしょうばし》という字にあった支店に帰ると、店内はぐちゃぐちゃになっていた。そこから渡波三丁目にあった本店に向かい、シャッターから飛び出した商品などを片付けはじめた。

「大津波警報は流れていたんです。でも、親が体験したチリ津波のときは膝までしかこなかったと聞いていました。今回もそんなものだろうと思っていたら、真っ黒な津波が見えたんです。店の裏にある実家の二階に駆け上がりました。たまたま家の前に岩を削った倉庫や木造の倉庫があったので、波がよけるかたちになり、床上浸水しただけ。でも、後ろを振り返って近所の家を見ると丸々一階が浸水していた。表と裏がまったく違う景色でした」

幸い家族も従業員も逃げ切ることができた。しかし、建物は大きな被害を受けた。

「震災から二、三日後、社員も抱えているので、前に進むのか、後に退くのか、決めなければなりませんでした。社長が『前に進む』と決断し、再建がはじまりました」

当初は店の片付けと薬局業務に集中した。渡波地区は中心市街地と分断されてしまったため、病院に行けない患者が続出。薬を処方するには本来、医師の書いた処方箋が必要なものの、薬剤師である社長の判断で「お薬手帳」をもとに調剤し、急場を凌《しの》いだ。

書店業務は、教科書すべてが泥まみれとなり、取次から仕入れ直したり、学校図書館の納入に対応するなどしたものの、店頭販売は休止せざるを得なかった。

しかし、イオンが五月ごろ、自社で運営していた一五坪ほどの書店を閉じるので、代わりに書店をやってくれないかと声をかけてくれた。九月には敷地内に四〇坪の売り場面積で出店し、二〇一四年五月には、現在の場所に移って一一〇坪に拡大した。

「北上川《きたかみがわ》の東側には書店が一店もなくなっていました。本屋さんとして喜んでもらえたならと、児童書を充実させました。お客さんには、本屋が戻ってきてありがたいと感謝されました。嬉しかったですね」

おかべ本屋さんを運営する、岡部薬局の岡部栄二専務

売上高は、震災前よりもよくなった。固定客とたまに顔を出すお客で回していた時代よりも、立地がよくなり、客数が増えたのが大きい。

「インショップ（大型店内の独立店舗）だから来店があるというのは事実なのですが、本屋としての自覚を持たないと、どこで営業してもうまくはいきません。お客さまに『本屋があるからイオンに来る』ぐらいの気持ちになってもらえるようにしたい。まだまだ復興途上。書店としての魅力を高めるために努力を続けます」

二〇一五年十月から毎月、従業員九人が順繰《じゅんぐ》りに編集長となって「月刊おかべ本屋さん」という、A4判裏表の手書きの新聞をつくることになった。イベント情報やお勧め本の紹介、スタッフの一言などを載せ、毎号五〇〇部ほど配っているそうだ。

岡部さんと従業員が一丸となって書店を盛り立てている姿が見えてきた。

「書きたい、話したい」思いをつなぐ場

東松島市《ひがしまつしま》のJR仙石線《せんせき》矢本駅《やもと》から徒歩数分ほどのところに、書籍と文具を扱う「おいかわ」がある。約束なしで訪ねたところ、店長の及川恵子さん（五十四歳）が快く《こころよ》対応してくれた。

おいかわも地震と津波で大きな被害を受けた。本や文具が床一面に散らばり、整理していたときに、近所の土建屋さんが「津波が来る、逃げろ」と触れ回った。航空自衛隊松島基地を挟み、海岸から三キロメートルほどのところに店がある。二、三時間後にはじわじわと海水が流れ着き、膝の上あたりまで達した。床に落ちた商品はそのまま水を被《かぶ》った。

「近所のみなさん泥だらけ。私は一週間何もできませんでした。しばらくすると役所から被災証明をもらうために印鑑が必要というので、多くの人が印鑑を買いに来ました。お客さまが本にたどり着くまでにはまだ時間がかかり、印鑑の次はゴミ袋、ガムテープというように必要なものが変わっていきましたね」

店舗は地震でヒビが入り、柱八本を継ぎ足して補強しなければならなくなった。売り物にならない本や雑誌でも、欲しいというお客がいればタダで分けたりもした。

「水に濡れた商品で倉庫は山のようになりました。でもそんななかで、泥のなかから店のマスコットの東松島のキャラクター、イーナちゃんが出てきたときは、〝大丈夫、ガンバレ〟って聞こえたような気がしました」

震災後、出版社からカレンダーや日記などさまざまな支援物資が店に届いた。それから月日が経ち、支援物資に入っていた「五年日記」を付け続けていた人が、新年を前に新しい「五年日記」を買っていった。

「それぞれ書きたいこと、話したいことがいっぱいあり、あの日のことを身ぶり手ぶりで、時に涙を流しながら話してくれて、でも店を出るときには少し元気になって、それを見て私もちょっと嬉しくなりました」

及川さんの人柄が話しやすい雰囲気をつくっているのだろう。ものを売るだけで完結するのではない、人と人とのつながりの場にもなっているようだ。

まさに被災地の書店だからこその役割を担っていた。

東松島市「おいかわ」の店長、及川恵子さん

震災本を扱うという使命

女川町は街の中心部全域が流出し、人口の一割近くが津波で亡くなるという甚大《じんだい》な被害を被《こうむ》った。その後、女川駅は新築され、駅前には新たに建てられた商店が立ち並んでいた。いたるところで槌音《つちおと》が響き、復興の動きは加速しているようだった。

「本のさかい」は、駅からほど近い女川浜という地区にあった。店舗は自宅兼用で売り場面積二〇坪、倉庫一五坪という、こぢんまりとした構えだったという。現在は県立女川高校のグラウンドに開設された仮設の「きぼうのかね商店街」で営業する。面積は一二坪ほどだ。

社長の酒井孝正さん（六十九歳）は、一八年ほど前から女川町議会議員を兼ね、書店業と二足のわらじを履《は》く。

「妻が店、私が外商に出て回していました。議会がなければ、だいたい配達と注文取りです。被災後の売り上げは以前の一〇分の一。業としての商売ではなくなりました」

仮設店舗に入居したのは二〇一二年三月。それ以前は倉庫もなく、配送業者と待ち合わせて手渡しで商品を受け取っていた。「仮設で本を扱えるようになってみると、独特のインクのにおいに救われました。このにおいが私の精神安定剤だったんだなと思ったものです」と酒井さんは振り返る。

店頭には、一度でも注文を受けたことのある雑誌を必ず置くようにするとともに、書籍は取次が選書して書店に送り届ける「配本」を受けず、新刊書はほとんど置かない。あるのは、酒井さんが厳選した女川町を中心にする震災関連書だ。

「うちを通じて観光協会やゆぽっぽ（女川駅構内にある温泉施設）にも卸《おろ》しています。震災本を扱うのは私のこだわりです。震災の実情や命の大切さを伝えたい。書店の私には、それをやらなければならない義務がある。本はそのための道具だと思うようになりました」

女川町「本のさかい」社長の酒井孝正さん

とりわけ販売に力を入れているのは、女川の五校の小中学生が登場する『まげねっちゃ』（青志社）や朝日新聞の連載をまとめた『女川一中生の句　あの日から』（羽鳥書店）だ。二〇一六年に刊行されたばかりの『16歳の語り部』（ポプラ社）は、女川一中で俳句づくりの授業に取り組んだ元教員の佐藤敏郎さんが手助けしてできた。本腰で防災活動に取り組む佐藤さんの姿勢に共感し、いまのイチ押しという。酒井さんは「実際は（販売面で）私のほうが支援いただいているのですが」とも補足する。

「震災以前はノートパソコンも使えなかったのですが、いまではｉＰａｄでトーハン（取次）のブックライナー（受発注システム）のデータを読めるようになりました。地方にいても、ブックライナーなら、発注して二、三日で届く。書店を続けるためのツールになっています」

ただ、心配事もある。自宅兼店舗のあった場所の換地先《かんちさき》が二〇一六年七月には決まり、仮設商店街は来年九月に閉鎖されることになった。店を続けるとすれば、海岸に近いので宅地兼用にはできず、別に自宅もつくらなければならない。二重の負担だ。

「歳ですから、借金してもお金は返しきれない。銀行も貸してくれないでしょう」

だが、酒井さんは前向きだ。「そもそもマーケットが存在しているのかという問題はあります。でも、一万人だった人口が六〇〇〇人に減ってしまっても、努力すれば報われるはず。出版業界としても、地方の書店が成り立つよう、いっそうの物流改善をしてほしい。私自身は、震災を知り、学ぶ場所として、仲間づくりを継続し、たくましく生きていきたい」と語る。あと一〇年は現役を続けるつもりだ。

泥まみれの「本の化石」

気仙沼《けせんぬま》市の「カムイコタン」。一見、アイヌ由来のように見える店名がユニークだ。店主の村上浩一さん（七十歳）は、「村上の村はコタン、上は神と読み替えてカムイ、それをひっくり返したのがカムイコタンです。アイヌの人たちに会いに行ったことはないんですが、縄文が好きで好きでたまらないんですよ」と説明する。時間があれば、つれあいに店を任せ、東北各地の貝塚や史跡を巡ってきたという。

店には六〇センチほどの津波が到達した。最初の地震では持ちこたえた棚も余震で倒れ、津波で水浸しになった床の上でヘドロまみれになった。

村上さんが「ちょっと待って」と言いながら、奥の部屋に引っ込んだ。しばらくすると、スーパーのビニール袋を提げて現れた。

「見てください。本の化石です」と言って中身を取り出した。震災で泥まみれとなり、水を含んで広がったコミック誌だった。すでに乾いていて、まさに岩のようになっていた。

「こんな状態でも在庫の三分の一は無理やり、モノのかたちで返品しました。どうしようもない状態のなか、運よく知り合いが来て棚のヘドロを上手に取り除いてくれた。まったく知らない人も掃除に来てくれたり。それを見ながら、本屋をやめようかなと思っていたのが、やらざるを得ない、やめるわけにはいかないと思えるようになりました」

二〇一一年四月十八日には、地元紙「三陸新報」に再開を伝える広告を載せると、お客がどっとやってきた。「淡々と店を

津波で泥をかぶった本を見せてくれる、気仙沼「カムイコタン」店主の村上浩一さん

開くつもりだったのですが、気仙沼では一四〇〇人近くが亡くなり、店では被災の話ばかりしていました。俺に話しかけて複雑な思いを解消していたのでしょうね」と村上さんは当時の様子を話す。

社交的な村上さんは、お客と日々言葉を交わしてきた。だが、一言もしゃべらないお客もいた。

「残念なことがあるんです。津波のあと、ぴたっと来なくなった人がいる。仕事も名前も知らない。体格のいい方でした……」

村上さんは気仙沼の高校を卒業後、東京の大学に進み、出版社に就職して七年ほど働いたあと、気仙沼に戻って一九八〇年にカムイコタンを創業した。当時は、気仙沼市内で書店一二店舗が営業し、カムイコタンを中心にした半径三〇〇メートルには三店舗がひしめき合っていたそうだ。しかし、震災を経て市内の書店は四店舗に減り、三〇〇メートル以内に他の書店は一店もなくなってしまった。

「開店のときは取次の中央社の店舗設計の人が来てくれて、それっぽい雰囲気になった。ずっと取次から送られてきた本を置いておくだけの本屋だったんです」

村上さんはこう謙遜《けんそん》するものの、数学好きの知人のためにそっと専門書を置けば、そのうち買ってくれるというように、お客の嗜好を熟知する。一見売れなさそうな本があるものの、これは後々、自分で読もうと考えている本だったりする。さらには、いまどき珍しく成人向け雑誌・コミックスも豊富にあり、このような媒体に馴染《なじ》んだ中高年にとっては〝頼みの綱〟にもなっていた。

「この店をやっていたおかげで、三人の子どもを東京の大学に送り出すことができました。でも、お客さまはどんどん減っている。商売というより、いまやお客さまの話を聞くボランティアステーションのようなもの。〝書店道とはボランティアと見つけたり〟かな（笑）」

村上さんは、今日もお客と語り合っているに違いない。

◆福島　避難地域周辺の本屋

強制避難によって住民が去った町

東日本大震災の被災地では、泥棒の跡を見聞きすることがしばしばあった。その一方、被災者の窮状《きゆうじよう》を見て、店内の商品すべてを配ったスーパーもあった。ところが、一万三〇〇〇人近い全住民が避難を余儀なくされた、福島県南相馬《みなみそうま》市小高《おだか》区で見た書店の景色は違っていた――。

小高区は、地震・津波で被害を被った上に、東京電力福島第一原子力発電所から二〇キロメートル圏内にあったため、避難区域に指定された。私の小高の実家も津波で流され、津波にのまれた近所の人々を探すのもままならず、集落の人々や妹一家はこの地を離れざるを得なかった。警戒区域に指定される直前の二〇一一年四月七日、実家の跡を見ようと出かけたときには、集落のあったあたりの家並みのいっさいがなくなり、新しくできた水だまりとともに、木っ端やコンクリート片などが散らばっていた。ついこの間まで暮らしていた妹でさえ、どのあたりに家があったのか、すぐには見つけられなかった。

その妹とともに二〇一一年十月、「一時帰宅」した。町中心部の目抜き通りを通り過ぎると、ランドマーク的存在だった土蔵づくりの古民家が横倒しになり、洋品店の一階部分が押しつぶされてペシャンコになっているなど、地震の被害を見せつけられた。誰も行きかうことのなくなった歩道の割れ目からは、雑草が伸びていた。強制避難によって街が放置された様は、無残としかいいようがなかった。

広文堂書店小高店は、二階建ての建物の一階部分が傾き、いまにも倒れそうだった。ガラス戸は外され、内と外の境目はなくなり、吹きさらしになっていた。歩道の前には、開梱《かいこん》されていない取次の段ボール箱が積まれていた。店内を覗くと、床にはガラス片が飛び散り、棚から落ちたコミックスや単行本が散乱していた。店の整理もできずに、逃げ出さざるを得なかった状況が目に見えるようであった。

強制避難となった地域の家々や店々には、よそから物盗りが侵入していると聞いていた。だが、広文堂書店小高店では、商品が剥き出しで残っていたのに、盗難の形跡はほとんどなかった。空き巣狙いにとって、出版物は二の次、三の次ということだったのだろうか。これには、複雑な気分になったものだ。

後日、広文堂書店本店（相馬《そうま》市）に問い合わせ、小高店の店長だった北村定男さんに状況を尋ねると、盗まれたのはクルマのタイヤぐらいとのことだった。「地震のときは、教科書の搬入作業をしていた。段ボールの中身は教科書です。放射能の汚染もあるので、散乱したままにしておくしかありません」と北村さんは説明してくれた。

震災で傾いた広文堂書店小高店（2011年10月撮影）

社長だった故・児玉節さんとともに震災を乗り越え、現在、一店舗だけとなった広文堂書店を切り盛りする節さんのつれあい、児玉由美子さんに、あらためて当時の様子を聞くと、三月十二日、北村さんが店の片付けをしていたとき、原発の爆発を知った近所の病院長が「逃げろ、被曝するぞ」と叫ぶのを聞き、避難せざるを得なくなったということだった。

宮城や岩手、さらに福島の避難地域以外では、震災後、本に触れたいとお客がこぞってやってきたと聞いていた。しかし、東電のせいで住民のいなくなった街の書店は、ただ見捨てられただけだったのである。

さらに、追い打ちをかけるような出来事があった。

「東電から分厚い書類を渡され、主人が登記簿謄本などを用意して話を聞きに行ったのに、二〇キロ圏内はまだ

広文堂書店の児玉由美子さん

財物補償は出ません、と。怒って書類をたたきつけてきたのは、うちぐらいでした。その後、私が週にいっぺん交渉に出かけ、なんど東電と話し合ったか。でも、ほかのみんなはおとなしかった。東電にとっては、うんとラッキーだったと思いますよ。それが悔しくて悔しくて」と語る児玉さんは、いまだ東電に対するわだかまりを隠さない。

　テナントとして入居していた広文堂書店小高店の建物は、すでに解体され、更地になっている。

　強制避難地域には、小高区（旧相馬郡小高町）の広文堂書店小高店のほか、双葉《ふたば》郡の浪江《なみえ》町にマツバヤ書籍部、郡書店、くさか書店、ほていや書店、富《とみ》岡《おか》町に菊地書店、好文堂書店が営業していた（双葉町には震災時休業中だった清寿堂書店、大熊《おおくま》町には震災のしばらく前に閉店したブックスアトムもあった）。震災から五年が経ち、直接連絡が取れたのは二店舗、間接的に接触できたのも二店舗、それ以外の書店とはやりとりさえできなかった。

　人口二万一〇〇〇人の浪江町では、四書店が営業していた。読書環境はかなり充実していた。

サンプラザという双葉郡内最大規模のショッピングセンター内にあったマツバヤ書籍部は、一時帰宅時に建物を見たとき、壁やひさしからコンクリートが剝《は》がれ落ちていた。二〇一六年、再び書籍部を覗いたら、以前にも増して荒廃《こうはい》していた。福島県船引《ふねひき》町の避難先で営業中のサンプラザに状況を尋ねたところ、書籍販売を担当していた従業員は全員退職し、当時の詳しい様子はわからないとのことだった。

「書籍部のある建物はいずれ取り壊しになります。商品はあのときのままです。今後、書店を再開するかどうか、見通しは立っていません」

同じ浪江町の郡書店は、三〇年以上前、私が十代のころによく利用していた。東電とのかかわりが深いこの地にしては、震災前から原発批判書が豊富にあった。私の亡父が第一原発で働いていたので、否が応でも『原子炉被曝日記』（技術と人間）、『原発ジプシー』（現代書館）、『闇に消される原発被曝者』（三一《さんいち》書房）といった、被ばく労働関連のルポルタージュに目が向いたものだ。ただ、原発反対だった私は、これらの本を家には持ち帰れないと思い、必死に立ち読みをしたのだけれど。

郡書店の店舗のシャッターには、環境省と浪江町の連名で「倒壊のおそれにつき　立入禁止」という紙が貼られ、周囲に置かれたカラコン（円錐《えんすい》形の標識）には「きけん」と記された黄色のビニールテープが巻かれていた。残念ながら、郡書店に話を聞くことはかなわなかった。

ＪＲ常磐線富岡駅前で営業していた好文堂書店は、福島県の避難地域内で唯一、津波の被害を受けた書店だ。海岸から四〇〇メートルほどのところにあった店のなかを津波が通り抜け、

津波被害を受けた富岡町の好文堂書店
(2012年7月撮影)

昨年まで泥にまみれた雑誌やコミックスが吹きさらしになった店内に積まれていた。だが今回、現地に赴《おもむ》いたところ、周辺の建物とともにきれいさっぱり撤去されていた。好文堂書店も話を聞けずじまいだ。

関係者によると、避難地域内の書店のなかには、店舗を持たず、もとの町の小中学校の教科書などを取り扱いつつ、外商を続けているところもあるという。

地震・津波で汚損した出版物は、版元・取次の支援により、全部返品したものとして扱われ、経済的な負担がなかったのは、避難地域外の被災書店と同じだったようだ。だが、ある書店では、〝放射能に汚染〟されて持ち出せなくなった出版物は異なる扱いになったらしいと聞いた。最終的には、事故を引き起こした東京電力が避難区域内の書店の財物補償の義務を負うことになる。すでに支払いを受けた書店もあるだろう。だから、業界的にも取次としても、対応する必要はないと判断したのかもしれない。だが、東電がどう補償するのか、したのかは、わからないままだ。悔しい思いをしている書店があるのではないかと想像すると、心が痛む。

物流の再開を待つ日々

相馬市の広文堂書店とともに、同市の丁子屋《ちょうじゃ》書店、南相馬市のおおうち書店、いわき市の角《かど》忠《ちゅう》を巡り、話を聞いた。

広文堂書店の本店も、震災による被害は大きかった。児玉さんは、こんなエピソードを明かしてくれた。

「地震でボールペン一本まで、みんな床に落ちました。たまたま文具問屋さんが来ていて、拾うのを手伝ってとお願いしたんです。この方がその後、義援金を持って応援にきてくださった。『あのとき、ぼくがそのまま帰っていたら、途中、津波で死んでいました。おかげで命が助かりました』と。いいことができたのかもしれません」

散乱した書籍を片付けつつ通路をつくり、震災翌日には営業を再開するという素早さだった。

丁子屋書店は、蔵造りの年季の入った立派な建物だ。経営者は佐藤重義さん・トキエさん夫妻。江戸時代に薬種《やくしゅ》問屋として創業したという。重義さんで一一代目になる老舗《しにせ》だ。教科書販売の準備に忙しいなか、妻の佐藤トキエさんが対応してくれた。

「地震で土壁がずいぶん落ちて。店のなかも棚から品物が全部落ち、パタンと折れた棚もあったんです」

四十年近く前の宮城県沖地震のとき建物を補強していたこともあり、甚大な被害には至らな

相馬市にある丁子屋書店の佐藤トキエさん

かったようだ。だが原発事故は予想外だった。

「爆発した次の日、（宮城県）白石《しろいし》市の親戚の家に、うちのおじいちゃん、おばあちゃんといっしょに避難しました。ここからお父さん（夫）と私、ふたりで相馬に通って片付けをして。しばらく続けましたね」

街のなかはひっそりとしていたという。夜になると、あたりは真っ暗になった。シャッターを半開きにして作業を続けていると「夕方六時半ごろだったかなあ。お客さんが覗き込んできて『開けているんですか』と聞かれ、『嬉しい。灯りがついているとほっとする』と感謝されたんです」と佐藤さんは振り返る。

本格的に店を開けたのは三月の末ごろだった。しかし、出版物の流通は止まっていた。徐々に回復していったものの、福島県の警戒区域以外の沿岸部（浜通り）で物流が再開したのは、四月八日とされている。

「お客さまには『品物がなにも入ってこないんです』と言うと、『いやいいんだ』って。店が開いていると、すごい来るのね。『売るものがないんですよ』と言っても、『どうせ時間があるから』って」

近所の旧女子高の校舎が避難所になった。避難者の多くが南相馬市からやってきた人だった。お客のひとりが「私、小高なんだ。みんな流されて私だけ残ったんだぁ」とつぶやいた。佐藤さんは言葉が出なかった。避難者との交流を重ねつつ、避難所暮らしで日付や曜日の感覚がなくなったと聞けば、ポケットカレンダーや付録の手帳を配ったりもした。

避難者が徐々に仮設住宅や借り上げ住宅に移動するようになると、店頭は落ち着いていった。「震災の本はずいぶん売れました。でも、最近はもう見たくないという人がいますよね。辛いんだよね、きっと」と、佐藤さんは身近な人々を思いやる。

以前より人通りは少なくなった。住民票は相馬市にあっても、実際には住んでいない人がかなりいるという。けれども、震災後しばらくして本が入荷するようになり「ほんとうに嬉しかった」という思いを胸に、地域の人のために書店業に勤《いそ》しむ日々だ。

減少する読書人口と書店の役割

福島第一原発から三〇キロメートル圏内にあった南相馬市原町《はらまち》区は事故直後、避難準備区域に指定され、警戒区域となった小高区を含めて市全体で七万人以上が暮らしていた街は、一時期、一万人近くまで減り、商店すべてが営業をストップした。

原町区のおおうち書店は、避難地域にもっとも近いところにある書店のひとつである。店主の大内一俊さん（六十一歳）が大学卒業後、仙台の書店で修業を積み、二十七歳だった一九八二年に独立起業した店だ。

近所に高校が二校あり、震災前は店の前に並ぶ自転車を整理するのが日課だった。しかし、状況は一変した。稼ぎ頭だった中高生向けのコミックスは売れなくなった。昔なじんだマンガを読み直したいという大人のお客の需要によって、支えられているそうだ。かつては、小学館や集英社の主催する店頭陳列コンクールで上位入賞の常連だった。だが、震災後は商いが小さくなり、それどころではなくなった。

大内さんも原発事故で一カ月半、山形に避難した。一時は山形で書店を開こうかと考えたものの、原町区に戻ろうと決めた。ところが、三〇キロ圏内は国土交通省の指示もあり、物流が止まっていた。自力で圏外に出て荷物を運ぶしかなかった。

「雑誌が入ってくるようになったときは、私もお客さまも喜びましたよ。『ジャンプ』はバックナンバーも仕入れたら、二カ月分をビニール袋ふたつに詰めるほど買ってくださったお客さまもいました。本好きにとって読書は食事といっしょ。インクの匂いに幸せを感じましたね」

震災関連書の棚は充実していた。だが、いまはあまり売れなくなってしまった。「忘れようとしているわけじゃないけれど、振り返る暇がないからではないか」という。

力を入れているのは児童書だ。大内さんはこのままでは人が減り続け、「限界集落化」するのではないかと心配する。だからこそ、子どもが少なくなっても、あえて児童書を置くのが書店の役割だと考える。

「被災地の書店だからといって特別扱いは一切ありません。地域の書店としての役割を全《まっと》うして、これからも本屋冥利《みょうり》に尽きる仕事を続けていこうと頑張っています」

いわき市平《たいら》の繁華街で営業する角忠は、地震で建物が崩れ落ちた。全壊だ。店主の佐々木規雄さん（七十九歳）は、とっさに柱の近くで身を縮めた。メガネが吹き飛んだものの、小さな怪我ですんだという。

南相馬市の原町区にあるおおうち書店・大内一俊さん

「この世の終わりかと思いました。でも昭和二十（一九四五）年の平空襲で実家が焼け落ちたときと比べるとたいしたことはない。あのときは街全部が焼き尽くされたんだから」

五月にはプレハブで書店を再開。一年半後には店舗を再建した。「みんなに助けられました」と佐々木さんは、多くの支援に感謝する。

「ただ売り上げは落ちています。インテリのお客さま一人が亡くなるとそのまま減収になってしまう。震災のためというより、そういうトレンド（時代の流れ）なんでしょう……」

いまも悩ましい日常を送っているようだ。

明るい話題もある。東電福島第二原発の膝元、楢《なら》

楢葉町に開店した「岡田書店」の岡田悠さん

葉《は》町に二〇一五年九月、古書店の岡田書店が開店した。新刊書店ではないけれど、コンビニを除けば、旧現の避難地域で唯一、本格的に出版物を扱う店となる。店主は岡田悠さん（三十七歳）。父親とともにいわき市で古書店を営んでいた。楢葉町には亡くなった祖母の家があり、兄一家もその隣に家を建てて住んでいた。しかし、兄は震災による強制避難を経て、郡山《こおりやま》市に移住。避難地域が解除されたのを機に、岡田さんは兄の家に引っ越し、駄菓子屋を営んでいた祖母の家を改装して古書店をオープンさせた。

店内には相双《そうそう》地方（相馬と双葉の総称）の市町村史や郷土史が豊富に揃い、また、岡田さんの得意ジャンルの年代物のマンガも棚を占める。軽めの読み物やグラビア誌もあり、近所の宿舎に暮らす除染や原発の作業員も利用するようになった。

「ここで成り立つのかという不安はありませんでした。店舗を持たず、ネットや催事などで販売していたので、作業場所をいわきから楢葉に移しただけのことですから。お客さまが来てくれればラッキーと思っていました」

たまたま地元紙「福島民報」の記者が、岡田書店の開店に気がつき、記事にしてくれた。その後も報道が相次いだ。当初、お客ゼロの日が続いたものの、いまは毎日コンスタントに来店があるという。不利な環境というわけではなかった。周辺には確かな顧客が存在しているようだ。

旧警戒区域内での新刊書店の再開にも、希望が持てると思いたい。

◆飯舘　再起を期する村営書店

街の本屋と遜色のない村営書店

震災から五年、岩手、宮城、福島の被災地の書店を巡った。

実はもう一店、福島では休業を余儀なくされた店がある。飯舘村の村営書店「ほんの森いいたて」だ。

震災と原発事故に遭遇し、飯舘村や村民らは、沿岸部の南相馬市からやってきた人々を中心に、学校の体育館や村の施設、個人宅などで避難者を受け入れた。人口六〇〇〇人余の村の公的施設に避難してきた人は最大時、一一〇〇人にも及んだという。東京電力福島第一原子力発電所から村役場までは、直線距離で四〇キロメートル弱。飯舘の人々も避難者も安全だと思い、この地にとどまった。だが、飯舘村にも高線量の放射性物質が降り注いでいた。南相馬市からの避難者はさらに遠くに移動し、村民も次々と避難をはじめた。村内の避難所は三月二十日にすべて閉鎖された。

政府が飯舘村などを対象に計画的避難区域を設定する方針を示したのは震災から一カ月後の四月十一日のこと。実際の指定は、二〇キロ圏内の警戒区域とともに四月二十二日となった。村の主要な機能が福島市役所飯野支所内に置かれた出張所に移ったのは、六月二十二日だ。

五月二十八日、私は知人らとともに、福島の沿岸部に向かった。途中、飯舘村役場に寄ると、庁舎の前には、この日設置されたばかりの巨大な線量計があり、七マイクロシーベルト／時あたりを示していた。その線量を眺めていると、村の教育長が「こんなの見ると、やんだぐ（イヤに）なるなぁ」と話しかけてきた。

村営書店があったはずだと、建物を探すと、役場の庁舎の隣に、ビレッジハウスというトンガリ屋根の洋風の施設があり、そのなかで「ほんの森いいたて」が営業していた。ガラス窓には、男の子と女の子の頭上に満開の桜が咲いている絵とともに、「がんばっぺ　いいたて　がんばっぺ　ほんの森」と掲げられた手書きのポスターが貼られていた。

入ってみると、街の本屋の品揃えと比べても遜色《そんしょく》がなかった。窓際に沿って週刊誌や月刊誌が並び、内側の壁沿いの棚には文芸書や実用書など売れ筋の単行本が揃えられ、レジ前にはコミックスの棚、そして奥の売り場には絵本塔が立ち、平台には児童書や絵本がうずたかく積まれていた。入り口すぐのところに、震災関連の写真集や原発事故関連の書籍が集められていたのが、震災前とは異なる景色だったのかもしれない。

コミックスが豊富に置かれていたのには、感心した。教育現場ではマンガを遠ざける傾向があるものの、公営の書店にもかかわらず、教育くささがみじんもない。児童書売り場には、丸テーブルが置かれ、座り読み自由。幼児が喜びそうな装飾が施《ほどこ》され、柔らかな雰囲気を漂わせていた。ただ、震災前に吊《つる》したのだろう、「入学おめでとう」という垂れ幕が寂しげだった。

村営書店として営業していた「ほんの森いいたて」
（2011年5月撮影）

飯舘村関連の書籍やグッズも並んでいた。同地の名産、飯舘牛のキーホルダーがかわいらしかった。震災前に企画され、四月に刊行されたばかりの、飯舘村の全容を描いた『までいの力』（SEEDS出版）もあった。「までい」とは、「真手」という古語を語源にした相馬地方の方言。「丁寧に」「心を込めて」という意味だ。飯舘村の特徴を表す言葉である。

原発事故さえなければ、地元の人々に親しまれる書店として日常を送っていたはずだった。

無書店自治体の住民の読書欲を満たす

「ほんの森いいたて」が立ち上がったのは、一九九五年のことだ。

当時、飯舘村には、書店もコンビニもなく、公民館に小規模の図書室があるだけ。このころ出版業界内では、書店一軒が成立するには、八〇〇〇人以上の商圏人口は必要だといわれていた。飯舘村で書店を営業するのは至難の業《わざ》だった。村民は書店のある両隣の南相馬市か川俣《かわまた》町、あるいは少し足を延ばして福島市の書店を利用するしかなかった。

〝無書店自治体〟に力を貸したのが取次の業界団体の肝《きも》いりで設立された「出版文化産業振興財団（ＪＰＩＣ）」だった。書店も図書館もない自治体に読書環境を整えようと、行政とともに公営書店の設立を構想。そのひとつとして「ほんの森いいたて」が開店する運びとなった。

ただ、事業としては当然厳しい。九〇年代には、すでに書店の業界団体・日本書店商業組合連合会が、年間一〇〇〇店近い書店が廃業していると、街の本屋の苦境を訴えていた。村営書店のために、村役場は従業員や店舗の確保に責任を持ち、ＪＰＩＣは経営の面倒を見たり、商品確保に協力したり、初期在庫を無償で提供するなどの支援に取り組んだ。

立ち上げの経緯を知る飯舘村健康福祉課の但野正行課長は、「人件費は村抱え。絵本を中心にして、立ち読み座り読みＯＫにした、採算性度外視の店です。村役場の職員が最初の店長を務め、一年間、東京の書店で研修を受けました。開店時の様子を見て、ＪＰＩＣさんが『飯舘の人は本に飢えていたんじゃないですか』と話していたのを覚えています。実際、小さなお子さんを連れてやってくる方が目立ちました」と振り返る。

もうひとつもくろみがあった。

「役場そばの中学校には、図書室はあったものの、良くも悪しくも、メディアに触れる機会がなかったんです。学校帰り、スクールバスを待つ間に立ち寄ってくれればいいな、と。世の中を見てほしいという気持ちで書店をつくりました」

当初は、帰宅途中の寄り道を推奨することになるので、中学校側とは温度差があったようだ。品揃えも特段コントロールしなかった。但野さんは「（行政の立場で品揃えに）規制はなかった」と言う。その結果、万人向けの書店らしさが確保された面もあるようだ。

飯舘村健康福祉課の但野正行課長

震災時、実質的に店舗を切り盛りしていたのは、副店長の高橋みほりさん（三十四歳）だ。十九歳のときに、「ほんの森いいたて」の従業員となり、南相馬市のおおうち書店（二三九ページ）の大内一俊さんにも、助言を受けていたという。

「客層は幅広かったですね。私のときには、中学生の出入りも多かった。小学二、三年生の社会科見学の訪問先になり、五〇〇円分の店独自の図書券を配って利用してもらったり。読み聞かせの会も定期的に開いていました。小さなときから、できるだけ本に触ってもらおうという取り組みです。農業書も揃えていたので、村のおじいちゃん、おばあちゃんもよくいらっしゃっていました」

しかし、震災で暗転する。二〇一一年六月十五日に店舗を閉じ、休業することになってしまった。

「赤字経営でした。村の財政支援で続いていた書店です。でも、経営的に無理だというので店を閉じるのと、原発事故で強制的に休業になってしまうのとでは、まったく違う。悔しい思いが残っています」

高橋さんは、将来の再開を期して店内の商品の三分の一ほど、児童書や文芸書、コミックスなどを残しておくことにした。残りは取次が引き取ってくれた。しかし、高橋さんは書店を雇い止めとなり、村が福島市内の仮設住宅内に開店した直売所で働くようになる。五年が経過し、再開の目処が立たないまま、高橋さんの手を離れた在庫は、価値が少なくなったか、失ってしまった財物として東電から補償を受けるために、いったん精算されることになったそうだ。

「『ほんの森』が入っていた建物は、震災後、自衛隊の作戦本部となり、いまは村振興公社の事務所や食品の放射性物質を測る場所になりました。本を売っていた場所ではもうなくなりました。書店再開のイメージが湧きません。とても悲しいです」

高橋さんは「本屋はすごく楽しかった。できることなら本に関係のあるところでもう一度働きたい」と語る。いつか希望がかなうことを願いたい。

「ほんの森いいたて」は休業を余儀なくされたものの、これとは別に、飯舘村は全村避難後、子どもたちが本に触れ合える場所を福島市内に立ち上げた。子育て支援センター「すくすく」だ。

子どもがのびのびと遊びまわる、子育て支援センター「すくすく」

三井物産が木造の建物を寄贈し、館内には出版団体の〈大震災〉出版対策本部や日本出版クラブ、日本児童図書出版協会などの協力により、絵本や児童書などの図書コーナーが設《もう》けられた。

「子育て支援施設なので、おもちゃばかりではなく、絵本は欠かせません。やはり避難先でも本に触れ合える場が必要でした。ほんとうは震災の年の三月末に村内に子育て支援施設を開所する予定だったのです」

施設を所管する健康福祉課の但野課長は設置の経緯をこう説明する。

開所してから二〇一六年三月末までの一年四カ

月で、利用者数は親子合わせて延べ五四〇六人。一日あたり二〇人ほどの来所になる。六割が福島市民、四割が飯舘村に住民票があるか、縁のある人だ。子どもはのびのびと遊び回り、ときに絵本を手に取ったり、親どうし悩みを語り合ったりと、交流の場になっているようだ。

いずれ飯舘村は、もとの土地に帰還する方向だ。だが、戻る村民も戻らない村民もいるだろう。それでも本を結節点として、村民の絆が保たれるに違いない。飯舘村には、その蓄積がある。

「被災地」で括れない多様な課題

被災地の書店取材では、ぜひ話を聞きたいと思っていたものの、断念した書店が何店かあった。

ある街の本屋の店主は、こう言った。

「いろいろ取り上げてもらいました。でも、取材してくれた人がもともと地域の書店の利用者なのかといえば、話を聞くと、そうでもありません。むなしくなったんです」

ふだんはネット書店を利用しているのに、こんなときばかり郷愁で街の本屋を語ってほしくないという気持ちが言外に表れていた。

やや大手の書店の理由はこうだ。

「震災から五年。店は次の段階に移っています。いつまでも被災の話はしていられません。このように注目されるのは、もう終わりにしたい」

震災で大きな被害に見舞われたものの、着々と再建を果たし、新規出店まで手がけるようになった。被災書店を標榜《ひょうぼう》することに後ろめたさを感じているようであった。

「取材は全部お断りしています」という書店もあった。だからこそ話を聞きたいとお願いしたものの、理由はわからずじまい。その後、事情を伝え聞いた。津波で家族を失い、そのことに触れられたくなかったに違いないというのだ。震災取材は、割り切れないままの人々の心の傷をえぐることにもなりかねないのだと、自戒するしかなかった。

店舗を流され、再起を期していたにもかかわらず、ひっそりとやめてしまった書店もある。しかも地元を離れ、別の町に引っ越してしまった。仕事仲間として顔を合わせていた同じ町の書店主は、店を閉じる前に、なぜ事情を話してくれなかったのかと晴れない心持ちだった。

本店が津波に襲われ、店主が亡くなった書店がある。息子が後を引き継ぎ、いまは支店のみで営業していた。会ってはもらえたものの、取材は勘弁してほしいという。ショッピングセンターの中心店舗が撤退し、その場所は広大な〝空き地〟になっていた。その余波《よは》で売り上げが減少してしまったという。いずれ新たなスーパーが出店するはずだから、そのときには震災後の経緯を含めて、取材に応じたいということだった。なんとも悩ましい話である。

震災本を扱うことの葛藤も聞いた。石巻市「おかべ本屋さん」の岡部栄二さんは「置けば売れる状態でした。でも、私はイヤだったんです。要望があるのだから割り切ろう、伝えなければならないこともあるはずだ、でも、津波で亡くなった人もいるのに売ってもいいのだろうか、

福島市・西沢書店の震災関連本コーナー

と悩みました」と振り返る。

福島市の西沢書店は、一九〇九（明治四十二）年創業の老舗。本店は一〇〇メートル近い横長の売り場が特徴だ。その西沢書店の営業部長、古川博さんは、三年ほど前、東京で開かれた「書店の売り場から見た『原発本』の二年」と題するシンポジウムで、福島の書店事情を報告していた。福島の人々はあえて原発問題に触れないようにしているのではないか、と話したのが印象的であった。情報過疎《かそ》というより、情報過多のゆえではないかと私は受け止めたものだった。

震災五年、古川さんにあらためて売り場の様子を聞くと、「震災をテーマにした本に対する消費者のニーズや興味・関心は変わりつつある」とのこと。スマホとの時間の取りあいによって売り上げが減少するなか、「書店は社会に興味を持ってもらうことがひとつの役割だと思います。売り場を通じてお客さまとつながり、その一端を担いたい」というのが、目下の課題だと語った。

とはいえ、店頭には『写真アルバム　福島市の昭和』（いき出版）という写真集とともに、『写

真アルバム　相馬・双葉の昭和』（同）もあった。福島市に暮らす沿岸部の避難者のことは忘れていないというメッセージに読めた。

同じ被災地とはいえ、岩手・宮城の書店と福島の書店とでは、様相が大きく異なっていた。同じ県内であっても一様ではない。ただ、福島の避難地域の書店を除けば、おおむね共通していたのは、震災後に書店を再開したときお客がどっと押し寄せ、その後、震災関連書の需要によって支えられ、そしていま、被災者が街を離れ、人口が減少した結果、売り上げが急減するという困難に見舞われていることだ。震災・原発事故がきっかけではあるものの、人口減は全国的な傾向であろう。被災地の書店の厳しい現状から、全国各地の書店の〝未来〟の先取り的な面もほの見えてきた。

二〇一六年六月　熊本地震に遭遇した書店

◆熊本　被災地の本屋を訪ねる

震度七の激震に耐えて

熊本地方を震源に、二〇一六年四月十四日、十六日と、立て続けに最大震度七の大地震が襲った。熊本県と大分県に大きな被害をもたらし、熊本では一四万棟にのぼる家屋やビルが倒壊・破損などの被害を受け、死者四九人、行方不明者一人、関連死二〇人以上を出した（同年六月二十日現在）。震災から二カ月が過ぎても、いまだ数千人の人々が避難生活を余儀なくされ、余震も収まらないまま、住民らは不安な日々を送っているようだ。

東日本大震災から五年、熊本の人々が地震によって同じ困難に立たされたことに、心が痛まずにはいられない。しかも、震災六年目の岩手、宮城、福島の書店の現状を取材していた真っ最中に、熊本の書店が大きな被害を被ったことに、やりきれなさも募《つの》る。生々しい傷跡を残しつつ、復旧・復興に取り組む、熊本の書店の現況を見てきた。

熊本市の中心部から東に二〇キロメートルほど、阿蘇外輪山《あそがいりんざん》の麓《ふもと》にある西原《にしはら》村は、益城《ましき》町とともに本震時、震度七の激震に見舞われた。その西原村で児童書を専門に展開する唯一の書店が「竹とんぼ」だ。

事前に、店主の小宮楠緒さん（七十二歳）に来意を告げ、道順を教えてもらったところ、幹線道路の県道二八号線の途中にある大切畑《おおきりはた》大橋が損壊して通行止めとなり、店に行くには林道を大回りするルートしかないとのことだった。橋の脇にある大切畑ため池というダムが地震によって決壊の危険があるとして、下流の住民に避難勧告が出されたとニュースになっていた、その現場近くに店舗があるらしいことがわかった。

「竹とんぼ」に向かう県道は封鎖され、案内板も激震のために傾いていた

熊本空港からタクシーに乗り、幹線道路を折れて山道を走ると、ようやく山すその小さな集落のなかに「竹とんぼ」の看板が見えてきた。

約束の時間にはまだ余裕があったので、大切畑大橋に行ってみると、橋げたがずれて段差ができ、重機が入って工事が行われていた。山林の小道を歩くと、崩れ落ちた大きな石が転がっていた。林を抜けると、ぺしゃんこになったり、傾いたり、土台の底がえぐられたり、大きな被害を受けた家々が並んでいる。見上げると地滑りで山の斜面の地肌がむき出しになっているところが方々《ほうぼう》に見えた。震度七の恐怖は、いかばかりだったかと思わずにはいられなかった。

竹とんぼは、盆地のようになっている田んぼを見下ろす高台にあった。その田んぼを囲むように小山が連なり、右手にはため池も見えた。庭には色とりどりの花木が咲き誇り、たくさんの蝶《ちょう》が舞っていた。何ごともなければ絶景を堪能《たんのう》できただろう。だが、足下の田舎道は割れ、土手はブルーシートに覆われていた。

小宮さんは二度の地震に「ほんとうに怖かったですよ」と語る。とりわけ、就寝中だった十六日の夜中の本震では、寝たまま体が中空に放り出され、生きた心地もしなかったという。幸い、小宮さんや夫の奎一さん(七十三歳)、息子夫婦の哲志さん、佳代さん、中学生と高校生の孫ふたりの家族六人に別状はなかった。築二四年と比較的新しい平屋の住居兼店舗も持ちこたえた。

余震の続く深夜、地盤が固いと思ったのか、近所の人が転がるように店先の駐車場に集まってきた。四世帯一六人がそれぞれのクルマの中で夜明けを待った。朝には、四〇戸ほどの集落の人々が近くの水源に集まって炊き出しもはじまった。

しかし、道路が寸断され、陸の孤島状態になってしまう。三日間は移動もままならず、駐車場で避難生活を送らざるを得なかった。その後、重機を持っていた集落の人が仮の道を通してくれたおかげで、日中は村が開設した避難所に行けるようになり、そこで車中泊を続けることになる。余震が少なくなり、ようやく家の中で体を休めることができたのは、本震から一週間が経ってからだった。

「一時は、この集落はダメになるかもしれないと思いました。近くの俵山に、幅三メートル、長さ数キロにわたって亀裂が入り、息子もここを捨てるしかないと言っていたんです。でも、私たちにとって住み慣れたところですから、ここから離れたくないので、しばらく様子をみることにしました」

自宅も店舗も地震で家具や什器が散乱。書籍のほとんどは床に崩れ落ちた。これらを片付けながら、四月二十五日ごろに店を開けた。ただ、道路は破損、迂回路の裏道もまだ安全とは言えないので、しばらくは常連客に来店を勧められなかった。外商は再開したものの、かき入れ時のゴールデンウイークは、店頭の売り上げがほとんどゼロだった。

「身を軽くするために、出版社にお願いして三分の一ほどの在庫を返品しました。でも、在庫の見直しによって、初心に返ることができました。そろそろ店のホームページに裏道の地図を載せて、来店をお勧めしようかと考えています」

大切畑大橋の復旧は三年後となる見通しという。が、それよりもはやく新たな道を通す計画はある。いまが正念場のようだ。

故郷・熊本に開いた児童書専門店

竹とんぼの創業は、三四年前の一九八二年になる。文芸出版社の校正者だった小宮さんと、人文系出版社の営業部員だった奎一さんが東京から故郷の熊本に戻ってはじめた店だ。熊本市内、水前寺《すいぜんじ》の住宅街に店舗を置き、店頭販売は小宮さん、外商は奎一さんという役割分担となった。売り場面積は二〇坪ほど。店とは別に、子どもが自由に絵本や児童書を読めるスペースとして、私設図書館「貸出文庫」も設けた。

「夫はサラリーマンが性に合わなかった。営業で大学に出入りしていたので、外商を中心にとにかく書店をやろうということになりました。全ジャンルの出版物を扱っています。店頭ではいろいろな本を並べるよりも子どもの本を置こうと、児童書専門にしました。大きな本屋はできないし、最初は食べていく手段としての子どもの本屋だったんです」

小宮さんは、書店の立ち上げの経緯をこう説明する。

ただ、住宅街というわかりづらい立地と来店客用の駐車場が一台分しかなかったのがネックだったという。一一年後、西原村にサツマイモ畑だった六〇〇坪の土地を買い求め、水前寺から移住することにした。売り場面積は一五坪ほどにした。

知人らからは、人通りもないところで書店を開くのは無謀だと助言を受けたものの、以前からのお客はクルマでやってきてくれ、新規のお客も定着していった。店売と外商の二本立てで経営基盤がしっかりしていたことも功を奏した。

「売り上げは店頭二、外商八ぐらいの割合です。最初は相手にしてくれなかった大学とも、たまたま図書館長が父の知り合いで、『毎月六〇万円分の注文を出すから、毎日顔を出せ』と言ってもらったり、小学校からは『お年玉販売』の出店を出してほしいと声がかかったり、そんなふうに外商先が広がっていきました。西原村に移転したら、がくんと売り上げが落ちると思ったのですが、店舗があることが広告塔になった部分もありました」

西原村にある「竹とんぼ」の店主・小宮楠緒さん

小宮さんの父親は、トルストイの翻訳家でもあった故北御門《きたみかど》二郎氏。戦時中、良心的兵役拒否をしたことで知られている人だ。

お年玉販売というのは、はじめて聞いた。熊本では正月明けの新学期、地元の書店が小学校で子どもの本を出張販売するという行事があるそうだ。ただ、売れ線を集めた他の書店とは勝負にならず、出店をやめたときはホッとしたという。

「魚屋や八百屋は、自分で仕入れて商売が成り立っています。うちも同じ。店にあるのは私が好きな本です。ある意味偏《かたよ》っているのですが、八百屋さんや魚屋さんがおいしいものを選んで仕入れているのといっしょなんです。でも今は、そんな小売店は少なくなりましたね」

ベストセラーを追い求め、売りたいものを売っていないのではないかと思える街の書店とは、逆を行っていると小宮さんは言う。

小宮さんが心に刻んでいるのは、中国の「史記」に記された「桃李《とうり》もの言わざれども下自《したおのずか》ら蹊《みち》を成す（モモやスモモは何も言わないが、美しい花や実があるから人が集まり、下には自然に道ができる）」の故事だ。

「子どもにとっていいものを置いておくと、人が来るようになる。そう思ってきました。あるとき、登校拒否のお子さんを持つ親御さんが『学校にはお金をかけなかったけれど、お宅でいっぱい本を買って助かりました。パティシエになった子どもが、あのとき絵本を読んでいたおかげでお菓子のイメージが湧いたと言っていました』と話してくれたんです。なるほどなあ、そんなふうに役立ったのかと思いましたね」

明日の支払いに汲々《きゅうきゅう》としたときもあったというものの、「困ったときの竹とんぼ」と頼ってくれる人も増えた。ていねいな対応でお客に信頼されている様が目に見えるようだ。

「私も主人もいい歳になったから、後は息子夫婦に任せて、のんびり余生を過ごせるかなと思っていたら、地震で予定がくるってしまいました。『禍福《かふく》はあざなえる縄のごとし』と言いますよね。人生いいことも悪いこともあると、みんなでなぐさめ合っているんです。でも、主人は歳の割に元気。震災を逆手《さかて》にとってでも、乗り切ります」

被災地の書店ができること

熊本県書店商業組合がまとめた被害調査（二〇一六年五月十九日付）によると、組合加入書店五八店のうち「被害有り」は半数近い二七店に及んだ。組合未加盟の書店を含めると、さらにその数は増す。多くは営業を再開したものの、建物の損傷でいまだ再開の目処が立っていない書店が数店あり、なかには閉店した書店も出ている。熊本市東区の金龍堂《きんりゅうどう》東バイパス店は店舗を撤去し、すでに更地になってしまった。

熊本取材では、八代《やつしろ》市の明林堂《めいりんどう》書店八代旭中央店、金龍堂八代ファースト文庫店、宇城《うき》市のブックスシモダ、明林堂書店松橋店、熊本市の長崎書店、金龍堂まるぶん店、ｍｙ　ｃｈａｉｒ　ｂｏｏｋｓ、三陽書店、橙《だいだい》書店、蔦屋《つたや》書店三年坂店などを早足で回った。金龍堂まるぶん店はビルが損壊し、再開は先になるものの、他の書店は営業を再開していた。しかし、話を聞くとそれぞれに課題を抱えているようだった。

熊本県組合副理事長で、取次・トーハンの取引書店の集まりである熊本トーハン会会長も務める、水俣《みなまた》市の宮崎一心堂《いっしんどう》社長の宮崎容一さん（六十五歳）は、被災書店のためにいちはやく行動を起こした。

四月二十六日に東京で開かれた「全国トーハン会代表者総会」に出席して、熊本の書店の状況を報告するとともに、代金請求を間近にして「我々が困っているのは月末の支払い。どうか猶予《ゆうよ》をください」と取次に訴えた。地震によって休業中であれば、その間の売り上げはない。宮崎一心堂の水俣にある二店舗は大きな被害を免れたものの、仲間の書店をおもんぱかっての要請だった。トーハン側も「すでに準備を整えている」と応じてくれた。

これをきっかけに、他の取次でも希望する書店には四月、五月の請求を先延ばしする動きにつながっていったようだ。

宮崎さんはそのときの思いを「店を開けられないところにも、取次から運送会社に荷物は届いていた。水俣の自分の店は何ともなくても、熊本県の書店の代表として、みんなの代わりに体を張ってお願いしなければと思ったのです」と振り返る。

被災者支援にも取り組んだ。店頭に「被災地・避難所に絵本を!! 熊本・阿蘇の避難所の必要なところに贈ります。ぜひ絵本の提供をお願いします」というポスターを貼り出した。「いままともに営業している書店として何ができるかと考えたときに、これかなと思ったんです」と宮崎さんは言う。お客らから即座に五箱分の絵本や児童書が集まり、被災地に届けた。受け取った人々からは「心が和《なご》んだ」と感謝されたそうだ。

さらに、自身のフェイスブックでも提供を呼びかけたところ、全国から大量に本が届いた。ただ、見込み違いがあった。顔の見える常連客が持ち込んだ本と違い、さまざまな本が送られてきたため、使える本と使えない本の選別の手間が増えてしまった。その後、東日本大震災で同じような経験を見聞きしていた岩手の書店、東山堂社長の玉山哲さんから、もっとはやくアドバイスすればよかったと連絡があったそうだ。

ちなみに、東日本大震災のときには、古書を集めてそのまま被災者に送るのではなく、本の購入のためと指定して支援団体に現金を送るか、集まった古書をいったん古書業者などに買い取ってもらい、その代金で地元書店から新本を購入して避難所に届けるのが、被災地でお金の回る効果的な支援策だと教訓化されている。そういう話を私も仄聞《そくぶん》していた。

水俣市「宮崎一心堂」の宮崎容一社長

ただ、効率だけで支援を語れるかといえば、そうとも言えないかもしれない。マンガ家でもある私の古い友人が東日本大震災直後、被災地の子どもたちに絵本やマンガ、アニメのＤＶＤ、おもちゃを送ろうと呼びかけたら、全国から段ボール箱数百個にもなる〝善意〟が届き、置き場所にも困る事態となった上、選別作業もたいへんなことになった。私も作業の手伝いに行ったものだ。それでも、トラックを用意してキャラバン隊を組み、何度も避難所や児童施設などに物資を送り届け、子どもたちに喜ばれた。宮崎さんの取り組みも、苦労したからこそ、受け取った子らに、その気持ちが伝わったに違いない。

実は宮崎一心堂も、熊本市にある支店、ブック＆

カフェ一心堂熊本店が被害を受けた。

「テナントとして入っているビルにひび割れができました。営業に支障のある状態ではなかったのですが、スタッフ四、五人の自宅が半壊となり、出社できる状態ではなくなりました。ほかのスタッフもこのなかで働くのは怖いということで、三週間、店を閉めました」

熊本店のオープンは一年前のこと。やっと地域で認知されたと思っていたところで長期休業となり、再開後は売り上げが激減、大打撃を受けてしまう。

「でも、被害の大きい店を見ると、自分のところは序の口です。東北の震災のとき、報道で様子は知ってはいたものの、自分の身に降りかからないと苦しみや大儀《たいぎ》さはわからなかったんだなと反省もしました。本震のとき、津波警報が出て、家族といっしょに避難したときには東北のことを思い浮かべたものです」

宮崎一心堂は売り場自体、ユニークだった。支店のブックシティ一心堂では、地元産の食材を使ったアイスクリームを販売していたり、本格的なコーヒーをテイクアウトできたりする。宮崎さんの息子の俊明さん（三十四歳）のアイデアを取り入れたそうだ。棚のジャンル表示の巨大文字も目を惹く。震災に前後して近所に競合店ができたのを機に、お客の利便を考えて案内を目立つようにした。以前は徐々に売上高が落ち込んでいたものの、競合店が現れたにもかかわらず、売り上げ増に転じるという効果が出た。

宮崎さんは「熊本では、（大手書店やナショナルチェーン以外の）街の本屋は数えるほどになっています。地震も競合店の出店も、災い転じてというか、原点に返るきっかけになりました。

いまは、どんなことがあっても生き残ろうと思っています」と気持ちを新たにする。

さまざまな事情を聴き、熊本の被災者はもちろん、書店に思いをかけてほしいと願わずにはいられなかった。

熊本市ではユニークな書店にも出合った。雑誌の販売部数がけた違いと聞いていた三陽書店だ。歓楽街の近くで営業するという店舗を探して通りをウロウロしたものの見つからない。あるのは店名も掲げられていない、スタンドのようなこぢんまりとした店だけ。まさかここではないだろうとは思いつつ、「三陽書店ですか」と尋ねると、ドンピシャだった。

間口は一間ほど。正面から見ると、雑誌や新聞、スナックなどが並ぶ。その向こうに店主が立っていて、お客をさばいていた。天井からはくまモンのぬいぐるみが垂れ下がり、売り場全体が賑やか。まるで駅売店と見紛うようなたたずまいである。ところが奥に入ると、壁の両面に棚が数本ずつ並び、売れ筋の書籍や女性誌などの大部の雑誌が豊富に置かれていた。最奥《さいおう》には成人雑誌があり、需要に忠実な書店だと好感度も上がる。

聞けば、近所の美容院や喫茶店など商店の配達に力を入れているとのこと。朝方であれば、棚が隠れるほど大量の雑誌が届き、荷さばきも大仕事らしい。営業終了時にはきれいさっぱりなくなるという。まさに、隠れた優良店のようだ。震災で一時、営業時間を短縮したものの、その後、以前のように深夜まで開けているそうだ。

被災地の書店の状況に複雑な思いに駆られたものの、こんなディープな書店に巡り合えたのは好運でもあった。

二〇一七年春　東日本大震災と書店

◆震災六年　被災書店が迎える転機

避難所で販売した震災写真集

東日本大震災から六年、そして七度目の春を迎えた被災地の仮設商店街は、転機を迎えつつあった。例外は認められているものの、政府の方針で「仮設商店街の期限は原則五年」とされ、多くの商店街では退去が間近に迫っていたのである。津波被災地のかさ上げや造成が終わり、もとの場所で再建する店もあれば、六年間持ちこたえたのに、やむなく廃業を決めてしまった店もあるなど、明暗が分かれているようだ。

岩手、宮城では、仮設商店街に入居した書店がいくつもあった。やはり、その後の道のりは一様ではない。早々に本設再開を果たした書店がある一方、仮設店舗のままのところもある。

二〇一七年の春、仮設書店を中心に訪ねたところ、本設に移行したり、近々引っ越しを控えていたり、より条件のいい仮設に移転することになったりと、大きな変わり目の時機になっていた。この六年を振り返ってもらいつつ、今後の展望を聞いてきた。

岩手県沿岸のほぼ中央に位置する山田町。山田湾に面した市街地は津波に襲われ、大規模な火災までもが発生して、甚大な被害を受けた。目指す大手書店は、その中心部、休止中のJR山田線陸中《りくちゅう》山田駅前で営業していた。あたりはかさ上げされ、眼下には建設途中の一〇メートル近い防潮堤《ぼうちょうてい》がそびえ立つ。街の復興工事は着々と進んでいるようであった。

大手書店の真新しい建物は、震災後建った公共施設やスーパーなどとともに、ひときわ目立っていた。店名とは違い、売り場面積二〇坪ほどのこぢんまりとした店舗ではあるけれど、商品がぎっしり置いてある。面白いのは、三方を棚に囲まれた秘密基地ふうの一角があったことだ。変化に富み、店内を回遊するのも楽しい。そんな雰囲気に誘われてか、高校生や近所のお客が次々とやってくる。かなり繁盛しているようだ。

本設店舗は、二〇一七年一月十二日にオープンした。できたてのほやほやだ。震災の年の六月、被災した商店が軒を並べるテント張りの仮設商店街で一年間過ごした後、プレハブの仮設商店街二カ所を転々とし、震災六年を前に、再建を果たせた。私を迎えてくれた大手恵美子さん（五十三歳）は「天井を高くしたので圧迫感もなくなった。やっと落ち着いて営業できるようになりました」と、嬉しそうな表情を浮かべた。

大手書店を切り盛りする親子三代。右から大手キミさん、恵美子さん、一也さん

切り盛りするのは、外商を中心に担う恵美子さんと、創業者で母親のキミさん（七十九歳）、そして恵美子さんの息子で主に店頭を担当する一也さん（二十九歳）の三人だ。いまどき親子三代の書店は珍しい。

大手書店の創業は、恵美子さんが生まれた年のこと。キミさんが恵美子さんをおんぶしながら仕事に勤しんだそうだ。震災後、仙台で働いていた一也さんが窮状を目にして実家に戻り、現在の態勢になった。

本設までの道程は、避難所暮らしのときからはじまった。再開を目指して恵美子さんは毎日、商工会に顔を出した。避難所では「震災や津波の写真集が出ているようだけど、その本を買えないの?」と聞かれ、恵美子さんは「そうだよね。必要だよね」と応え、取次に頼み、写真集を送ってもらった。避難所に直接送ってもらうと他の支援物資と混ざってしまうので、商工会にいったん届けてもらい、避難所に広げて販売したそうだ。

仮設での営業再開は前述のように、テント張り商店街の一角だ。

「ゼロから商品を揃えなければならなかった。お見舞金や赤十字の義援金で雑誌や文具を仕入れたものの、たくさん買えなかったので一回五〇円のくじを並べたりしました」

次の商店街では、独立した店舗になった。買い物に不自由していた住人らがこぞってやってきて、商店街自体が憩《いこ》いの場にもなったそうだ。だが、町内にコンビニが建つようになると、買い物を楽しもうとやってくる人は徐々に減っていく。かさ上げ工事の都合で、さらに次の商店街に移転した。売り場が少し広がり、明るい感じの店になった。とはいえ、工事現場に近いこともあり、高齢のお客には敷居が高くなってしまった。その一方で、同じ商店街にカラオケボックスがあり、歌いに来がてら来店する若者が増えたという。

震災以前の店舗は賃貸だった。自己物件であれば、復旧に際して、最大四分の三を国と県が補助する制度があるものの、その枠組みから外れた。自力で更生するしかなかった。

「山田町にはもう一軒書店がありましたが、震災後、閉じられた。私は本屋をやめようとは思いませんでした。どうやったら続けられるんだろうと、そればっかり考えていました。とにかく仮設に入り、いろんな情報が得られるよう、街からは離れなかった。三カ所の仮設を経験し、場所は大事だなと思いました。新店舗では、お客さまが戻り、売り上げも震災前よりもよくなりました」

諦めず、努力した結果がいまの活況につながった。

自転車やバスで隣町まで訪問販売

岩手県大槌《おおつち》町のランドマークともいえる国道四五号沿いのショッピングセンター「シーサイドタウンマスト」から北上高地の方向に四キロメートルほど進んだところに、大槌町産業復興団地がある。仮設の工場や事務所が軒を連ねているものの、予定では二〇一七年三月いっぱい、実際には一七年夏ごろまでに地主に返還されることになっている。その後、田んぼに戻されるそうだ。

ここで事務所を構えるのは信栄《しんえい》書店。店主は阿部孝次さん（七十二歳）だ。大槌町安渡《あんど》に構えていた店舗は津波で流され、営業再開後は外商専業に転じた。顧客は、北は宮古《みやこ》市田老《たろう》から南は釜石市にまで及ぶ。二〇一六年末、大槌町内の仮設住宅を出て、息子らとともに釜石市に新築した自宅に暮らしはじめた。自宅からクルマで四〇分ほど走って事務所に着き、事務所から宮古市田老までは片道一時間半以上かけて出かけるというハードさだ。日々の移動時間・移動距離は半端ではない。

阿部さんは地元の高校を卒業後、上京し、児童書や百科事典などの割賦《かっぷ》販売会社に勤めていた。だが、職場結婚した妻が亡くなり、幼児を抱えた阿部さんは、故郷の大槌町に戻って書店を開業、子育てをしながら店売りと外売りに取り組むことになる。

外商に力を入れたのは、引きこもりがちなお客がいたのも理由のひとつだ。「訪問販売は時間を食う。『週刊ポスト』一冊を配達しに行ったのに、一時間以上、話をすることもあります。話をしたくて待っていてくれるんですよ。商売にならなくてもいいと思って動いていました」

震災後も遠方に出向くのは、その延長だ。

書店再開がままならないまま、避難所暮らしをしつつ、知人宅のがれき撤去の手伝いをしていた。その帰り道、電気の消えていたトンネルでトラックと正面衝突した。二〇一一年三月三十日のことだ。三週間の入院となる大怪我を負う。もう本屋はできないと思っていたところに、宮古市のお客がお見舞いにやってきた。そのことに恩義を感じた。同じころ、地元の高校から教材を手に入れたいと相談され、取次に連絡を取ると、入荷可能だった。

信栄書店店主の阿部孝次さん

そんなことが続き、書店の再開を決意することになる。

「クルマは壊れたので、あのころは、自転車やバスを使って、隣の山田町や宮古市まで届けに行きました。なかには、話が長い人もいてね。夕方五時に着いたら二時間つき合わされたり」と阿部さんは苦笑しながら話す。

震災後しばらくは震災関連書がよく売れた。一〇冊単位のまとめ買いもよくあった。

震災書が出れば次々と購入し、何十冊と集めているお客もいるという。

「我も我もと買ってくださった。すごかったです。でも、いまはほとんど動きません。たくさん買っていた方もギブアップしてしまいました」

このごろよく売れるのは、健康本だ。震災を経験した人が自分自身の体を気遣い、生きる気力が強まってきたからではないかと阿部さんは見る。いまは『カラダの悩みは食べ方で99％解決する』（ゴルフダイジェスト社）が一押し。大槌町出身の管理栄養士が著者である。阿部さんが勧めると、次々売れていくそうだ。

現在の産業復興団地を退去後は、国道四五号にほど近い「福幸《ふっこう》きらり商店街」に移転する方向となった。事務所や工場が中心の復興団地とは異なり、営業しているのは商店が主。利便性もよくなる。

「一日の売り上げは少ないですよ。ガソリン代ばかりかかる。でも、ちょこちょこと動くことが元気の源。本屋は私一代限りかもしれないけど、それで充分だね」

仮設から本設店舗へ　震災後六年の希望

釜石市の青葉公園商店街内の九坪の仮設店舗で営業する桑畑書店。昨春、店主の桑畑眞一さん（六十三歳）に会ったときは「再建の目処は立たない。あと数年は仮設店舗でやっていくしかない」と語っていた。

　再び訪問すると「固定客の好みに合わせて品揃えしています。でも、厳しいものです。お客さまは何十人いるのかな」と、桑畑さんはこぼした。しばらく店内にいただけでも高校生や高齢者、壮年の女性など来店客は何人もいた。ただ、多くは目的買い。まっすぐコミック棚だけに向かう人、定期購読誌を受け取りに来る人……。店内を回遊する人は少ない。震災本コーナーは、いっとき売り上げをけん引したものの、落ち着いてしまった。経営は数百軒の顧客を持つ外商に支えられている。

　だが、明るい見通しも出てきた。二年前には、いったん仮設店舗から二〇〇メートルほど先にある大通り沿いの復興住宅のテナントとして、四〇坪の店を構えようと決断したものの資金面から断念。再度、市から声をかけられ、出店を決意したのである。二一坪のフロアを外商などの事務所五坪、売り場一六坪に分け、二〇一七年のお盆前にはオープン予定となった。

「いまうちの店に付いている人にとっては便利になります。人目に付くし、人通りも多い。近くにはミッフィーカフェがあり、市民会館も完成するので、新しいお客さまも期待したい」

「ミッフィーカフェかまいし」は、東北復興のためにとキャラクターの作者ディック・ブルーナの会社やオランダ大使館が釜石市に協力して誕生した。震災前は児童書売り場が充実していた桑畑書店なら、ミッフィーの絵本も豊富に揃えればいいですよね、と水を向けると、桑畑さんもまんざらではなさそうだ。

「もとの店を失い、廃業するか、外商だけでやっていくか、と考えました。でも、廃業はしたくない。外商だけでは採算が合わない。店を持たなければと思った。これからも、できる限り続けていくつもりです」

桑畑さんは、ときに弱気な言葉を漏らすものの、決して諦めない人だ。次は、お客でにぎわう新店舗を見に行きたいと思った。


陸前高田市の山十・伊東文具店の仮設店舗を訪ねるのは、今回で四度目になる。山十会長の伊東孝さん（六十二歳）は、商工会の商工業復興ビジョン推進委員会の委員長として街の将来構想を策定した。かさ上げ工事を終えた市の中心部に建設される商業施設「アバッセたかた」に今春、他の商店とともに入居すると、前年に聞いていた。そのスケジュールが決まっていた。売り場は現在の五〇坪から八〇坪に拡大し、四月二十七日に開店する運びとなった。

「散らばっていた商店が一カ所に集まり、新しい図書館もできるので、お客さまも便利になります。開店が楽しみです」

伊東さんにクルマで新店舗近くまで連れていってもらった。工事現場にはヘルメットなしでは近づけないというので、遠くから眺めた。クリーム色とこげ茶色のモダンな外装で、建物自体はほぼ完成し、仕上げの真っ最中だ。

「かさ上げでまわりの景色はまったく変わりましたね。震災から六年、ようやくここまでたどり着きました。街らしくなって復興が終わったなあとなるのは、あと二、三年でしょうか。どうなるのだろうと思ったあの状態からここまで来たのは、早かったのかなと思います」

一二坪のプレハブ造りの急ごしらえの店舗にはじまり、次に自前で三〇坪の仮設店舗を建て、国の補助を受け、いまの仮設店舗に移転。そして、近々新しい店舗に入居する日を迎える。こちらも再訪が楽しみだ。

宮城県女川町の「本のさかい」にも転機が訪れていた。本のさかいの仮設店舗のある「きぼうのかね商店街」は、二〇一七年三月に使用期限が切れ、撤去される。それを前に、店主の酒井孝正さん（七十歳）は、旧店舗にほど近い、女川駅前に新店舗を建てた。震災遺構として保存の決まった、横倒しの旧女川交番の真向かいの場所だ。引っ越しは、期せずして震災から六年の三月十一日。午前中に作業を終え、午後からは女川町の追悼式に参加したという。

かさ上げ地に作られた複合商業施設（陸前高田市内）

店舗は一二・五坪とこぢんまりとしていた。訪問時には、壁の三方と中央にテーブルを置いて書籍や雑誌を並べていた。それに書棚が一本、雑誌スタンドが二台あるだけ。電話工事はまだだった。オープンは四月一日。並行して内装を手掛けていく。「どんな棚をつくるか考えながら、復興計画が終わる二年後を見据えてゆっくり店づくりをしようと思っています」と酒井さんは言う。

この六年間は外商中心だったが、新店舗では子どもの本を充実させるつもりだ。震災後、住民の転出で人口が減り、小中学生の数は以前の七〇〇人から四〇〇人と、半減近くになった。なおさら女川にいる子どもたちのために、「心の栄養」として読書の機会を整えようと考える。

「震災以降、取次の新刊配本はなし。注文だけで回してきました。六年間、書籍の返品はゼロです。店頭の品揃えを充実させるために、あらためて取次に相談すると『協力します』と言ってもらえました。取次の支援には感謝ばかりです。読み聞かせの会をやったり、観光でやってきた人のために震災の本を揃えて被災を伝えたり、講演会を開いたり、人の集まる場所にしたい」と語る。

「ただ、被災したのが六十四歳。復興が峠を越え、書店としてのかたちができたときに、えーっ、七十歳かと思った。六十代と七十歳では見る風景は違ってきました」

それでも使命感に燃える。「考えてみれば、志半《こころざしなか》ばで亡くなった人がいるなかで、本屋ができることは幸せなことです。生き残った者として、本を通じて、人生に想定外はないと、防災の大切さを伝えていきたい」。これが酒井さんの後半生の目標だ。

◆福島・浜通りの本屋が街にともす光

旧警戒区域の書店のいま

東日本大震災のあった二〇一一年の初夏、ある避難所に出向いたときに、一人の高齢の女性に会った。震災の日の夜、隣の自治体の体育館に駆け込んだら「ここは地元の住民用の避難所。ほかの町の人は受け入れられない」と断られ、歩いて二〇分ほどの県立高校の旧校舎にたどり着いて一息つけたと述懐《じゅっかい》した。「真っ暗ななか転ばないようにゆっくりゆっくり歩いて高校に向かいました。あのときはうんと心細かった」。市街地なのに、停電で家々の電灯も街灯も点《つ》いていない。自家発電なのか、灯りの漏れる校舎が見えてきたときには、心から安堵したそうだ。

震災六年、福島県浜通りの書店を巡るため、地震による損傷と東京電力福島第一原子力発電所の事故によって不通となっている常磐線竜田《たつた》駅（楢葉町）から原ノ町駅（南相馬市原町区）まで夜間、ＪＲの代行バスで移動した。国道六号を走るバスから外を眺めても、時々すれ違うクルマのヘッドライトと街灯が見えるだけ。家々や商店の灯りはどこにもない。

まったくの暗闇が覆ったあの日のことは、想像すべくもない。でも、いちはやく開店した書店に「ほかの店は閉まっているのに、ここだけ灯りが見えたから」と言いながらお客がやってきたという、多くの書店で聞いた話を車中で思い出していた。

地震と津波に襲われ、原発事故で国による強制避難を余儀なくされた区域（旧警戒区域）は、徐々に解除され、住民の帰還がはじまっている。昨春、福島の被災書店を訪問して以降、南相馬市小高区などの区域はすでに解除され、飯舘村の一部ほかは三月三十一日に、浪江町と富岡町の一部も近々解除する方向となった。

だが、震災以前、南相馬市小高区と飯舘村、浪江町、富岡町にあった書店に、再開の動きはない。

福島県中通りに避難中の書店主は「地震で建物が傷んだまま。近いうちに取り壊すことにしました。戻ってくる人も少ないので再開は考えていません」と語る。現在は、もとの町の小中学校の教科書納入のほか、細々と外商をやっているという。

他の書店の消息も尋ねた。数年前までは旧警戒区域内から避難した書店主が集まり、若手の店主が再建の意欲を語っていたそうだ。だが、最近は連絡を取っていない。他店が今後どうするかはわからないという。

旧警戒区域内の書店と取引のあった取次のひとつにも現況を確認してみた。その書店とはいったん取引を清算し、何かあれば先方から連絡をもらうことにしたとのこと。当時担当していた取次の社員は退職していたため、避難先の連絡先はわからずじまいだ。

いまや断片的に避難書店の様子を窺い知ることしかできなくなってしまった。店の灯りをともしてお客と触れ合うこともできず、〝暗闇〟のなか、震災と原発事故から六年が過ぎようとしていることを思うと、やりきれなさが募る。

郷土史コーナーに置かれた震災関連本

旧警戒区域以外の書店は〝復興〟を果たしたのだろうか。南相馬市原町区といわき市の書店を訪ねた。

南相馬市の文芸堂書店桜井町店は、避難地域のもっとも近くで営業する書店のひとつだ。とんがり屋根が特徴の外観で、内部は吹き抜けのあるワンフロア。柱は一本もなく、見晴らしがいい。築三〇年余ながら古さを感じさせないモダンさが漂っていた。

文芸堂書店のメインの平台。天井は吹き抜けになっている

社長の高橋敏己さん（六十四歳）は、開口一番、「実は、取材をしたいという話は何度もあったのですが、ずっと断ってきました」と語りはじめた。地震で本店にあたる桜井町店が損壊し、修理を終えるまで一年八カ月休業した。津波では原町区と小高区の親族の家が流された。高橋さんは「震災以来、眠りが浅くなり、熟睡したことがありません。夜中にぱっと目が覚めることもあるのです」と話す。

この六年は、辛い日々だったようだ。

震災時、桜井町店は、棚の商品が散らばり、天井が抜け、壁のガラスブロックも割れて、手が付けられない状態になった。原発事故が重なり、高橋さんも一時、栃木県那須《なす》町に退避。支店の相馬店（相馬市）も天井が抜けるという大きな被害を受けたまま営業再開したものの、桜井町店の修繕はままならず、しばらくはブルーシートで覆っておくしかなかった。

現状はどうか。高橋さんは「桜井町店の商圏は、南は浪江町まで、西は飯舘村までありました。でも、人がいない。復興は進んでいるけれど、高齢者ばかりになりました。売り上げのすべてがダウン。以前の状態には戻っていません」と語る。

文芸堂書店の創業は一九八四年。子ども向けの本の割賦販売会社に勤めていた高橋さんが独立起業してはじめた店だ。児童書専門にしたかったものの、浜通りでは困難だと判断し、一般の書店にした。「でも、商品構成に特徴のある書店にしようと思いました。野暮ったい店名と思われるかもしれませんが、あえて文芸堂と名乗りました」。文芸書や児童書などで勝負する書店にしたわけだ。

高橋さんは創業時「一冊でも多く売りたいと、どん欲に働いた」という。「先行きは不安。でも、守るだけではなく、地道にじっくりと攻めに転じたい。いつまでも引きずるのではなく、前向きにいきたい」と、自らに言い聞かせるように語った。

第一原発を目前にした常磐線の竜田駅以南、いわき駅に至る三十数キロメートルの間には六つの駅があるものの、その駅前には新刊書店が一軒もない。いわき駅近くに本店を置くヤマニ書房は避難地域から南側でもっとも近くにある書店のひとつになる。市内に七店舗を擁し、浜通りでは最大手クラスの書店だ。

実は、「ヤマニ」の屋号は炭鉱に由来する。いわき市好間《よしま》にあった「二番目のヤマ」という意味だ。かつて平駅（現いわき駅）の正面にあったビルに炭鉱の事務所があり、一九五〇年、そのビルの一階に書店を構えたのが、ヤマニ書房のはじまりとなる。往時、石炭産業で栄えたいわき市を象徴する書店である。

店長の高橋宏行さん（五十四歳）は、震災時をこう振り返る。

ヤマニ書房本店の高橋宏行店長

「あれは地震の揺れを超えていた。建物自体が倒れるんじゃないかと思ったぐらいです。本店から外に出ると（二軒隣の書店の）角忠さんの建物が崩れ、店主の佐々木則雄さんが這い出してきたところでした」

当時、高橋さんが店長だったいわき駅前のラトブ店に戻ると、建物の四、五階にある市立図書館の天井が崩れ、ビル自体が立ち入り禁止になっていた。一部の支店では、スプリンクラーが作動して、売り物が水を

ヤマニ書房本店の郷土本コーナーには、震災・原発関連書が多く並ぶ

被るという被害も出た。高橋さんらはヘルメットを被りながら、復旧作業を進め、本店は三月二十八日、ラトブ店は三十日に再開。以後、ほかの支店も徐々に店を開けることができた。

「再開してもスタッフが揃わなかったため、営業時間を短くしてもやりくりできず、内情はかつかつの状態でした。そんななかお客さまがふつうに来てくださったのは嬉しかったですね。その後、苦労して立て直し、いまは震災の影響はほとんどなくなりました。むしろ出版の市場が縮小していることが心配です」

本店では、郷土本や地元本のコーナーに震災や原発関連の書籍を置いてあるのが、目を惹いた。これらの本はコンスタントに売れているという。

「震災と原発は、いわば地元本。外せません。原発が気になっている人は多い。いろいろな本がいろいろな意見を書いています。どれを信じるかは別として、とにかく読みたいということなのだと思います」

専門書売り場に、放射線取扱主任者の資格書が面出しで並んでいたのも、原発の収束作業の最前線にある街の書店だからこそ。「柱の商品とは言わないけれど、突出した売れ行きです。年度版の発売前から問い合わせがあり、作業服姿のお客さまもよく訪れています」とのことだ。パズル系や脳トレ系の雑誌もよく売れている。双葉郡などの原発避難者が気持ちを紛らわせるために買っているのではないかという。

ラトブ店の入る建物は、避難者の待ち合わせ場所にもなっていた。六年を経て、避難者も市民に溶け込んでいる印象があるという。それぞれに困難を抱えつつ、店も街も徐々に落ち着きを見せているのだろうか。

鹿島ブックセンターは、いわき駅から国際港のある小名浜《おなはま》に至る幹線道路、鹿島街道のほぼ中間で営業する。小名浜や近郊の新興住宅地の住人、大学や高専などが主な顧客。三六〇坪の売り場を持つ大型店だ。書籍が豊富に並び、客層に合わせて児童書売り場が充実するとともに、人文書や理工書、海事書、洋書などに強みがあるのも特徴となる。

創業は三〇年ほど前。先代社長がいちご畑を切り開き、手探りではじめたという。店長の鈴木順子さん（五十九歳）は、創業まもなく入社したベテランだ。「釣り人には欠かせない『潮汐《ちようせき》表』はありますかと聞かれて、何の本かわからず、慌てて仕入れたり、お客さまにも教えられながら、店づくりをしてきました。せっかく来店してくださるのなら、浮き世を離れて夢中になってもらえる場所にしたいとも思ってきました。手本は百貨店。百貨店に行くと、ディスプレイに目がいってしまうんですよ」。確かに売り場は華やかさに満ちていた。

鹿島ブックセンターの鈴木順子店長

震災時、やはり棚から本が崩れ落ちた。復旧作業を進めたものの、原発の水素爆発で一時休業することになる。

「三月二十五日ごろに再開しました。このあたりで最初に店を開けたのはうち。瞬《またた》く間にお客さまがいらっしゃり、『灯りが見えたから来たの。開けてくれてありがとう』と言ってもらえました。でも、商品が入らず、みなさんから『少年ジャンプはないのか』と言われたり。震災前からあるものしか売ることができず、申し訳なく思ったものです」

その後、近くに仮設住宅ができ、復興住宅も建ちはじめた。津波で家を失った市内の人も新しい顧客となった。印象深いのは、全巻揃えるとミニチュアの船が完成するファイルマガジンのバックナンバーが欲しいとやってきたお客だ。

「『つくりかけだったのに、流されてしまった。一からつくり直したい』ということでした。何とか手に入れてあげたいと思ったのですが、版元には在庫がありませんでした。お客さまは『途中で終わって残念』とおっしゃっていました……」

店頭には変化も出てきた。原発事故後、園芸書がまったく売れなくなった。野菜をつくっても放射線の影響で食べられないと受け止められたからだ。だが、徐々に売れ行きが戻ったそうだ。これは明るい兆しだ。

「みんな忘れがちになっているけれど、起きたことは忘れてはならない。震災本も原発本も少しずつ情報を更新しながら、変わらずに置き続けることが大事。同時に、反原発は反原発でいいけど、そうじゃない意見の本も置かなければと考えています。私たち書店も〝媒体〟。その責任を果たしていきたい」

小高で暖かなともしびになりたい

被災地の既存書店はさまざまな思いを抱えながら、読者の欲求に応えようとしていた。そんななか、二〇一五年四月に鎌倉市から南相馬市原町区に転居した芥川賞作家の柳美里《ゆうみり》さん（四十八歳）が、自ら書店を立ち上げようと準備を進めている。現在、旧避難地域の小高区内に店舗兼住宅を探しているところだ。

柳さんは「南相馬市には立派な図書館があり、読まれて返却された本を見ると、学びたい意欲の高い土地だなと思いました。私も何か貢献したいと考えたのです」と話す。

近著『人生にはやらなくていいことがある』（ＫＫベストセラーズ）ではこう書いた。

〈店の名は、既に決めてあります。わたしが初めて出した小説本のタイトル『フルハウス（full

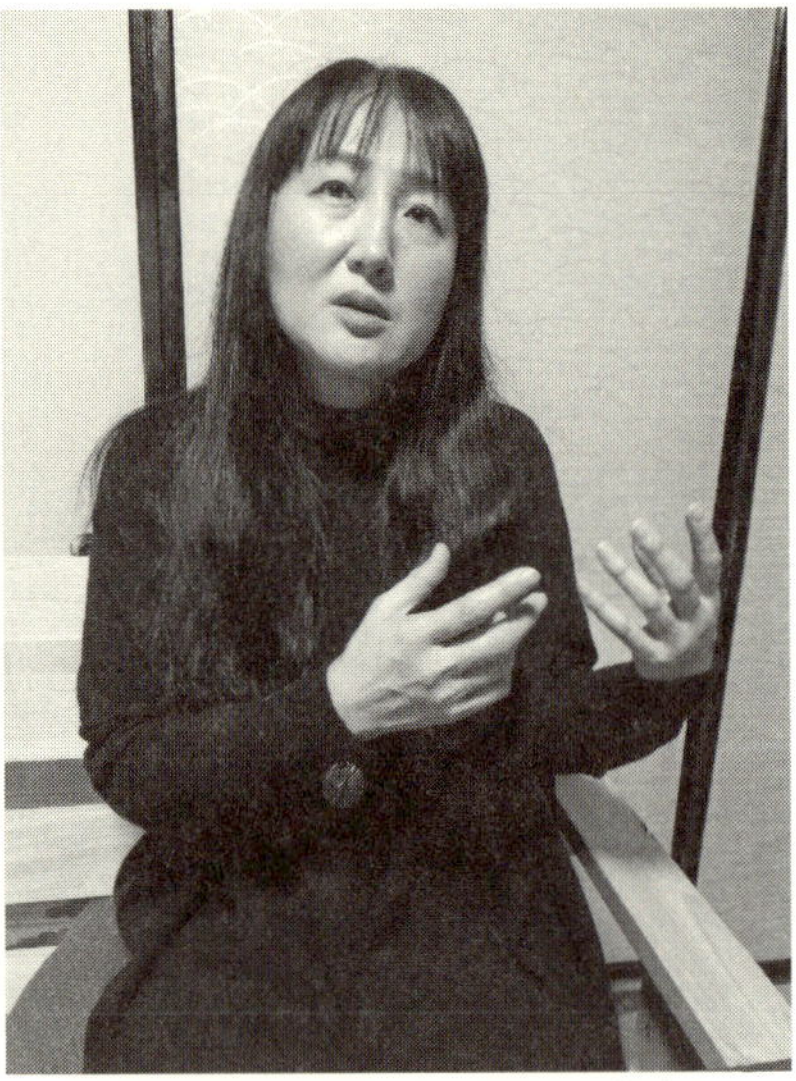

「小高で書店を開く」と語る、作家の柳美里さん

house)』で、大入り満員という意味です。／売れ筋の新刊や雑誌のみを扱うのではなく、作家「柳美里」のセレクトブックを中心とする棚作りをしたい。／わたしが、最近読んで面白かった本を並べた平台、子ども時代から愛読してきた本の棚、好きな小説家や劇作家や漫画家や写真家の全著作を揃えた棚、わたしのサイン本を揃えた棚、わたしの手書きPOPもたくさん立てます。〉

では、なぜ小高区で開くのか。

震災後、原町区内の仮設校舎に移っていた小高商業高校と小高工業高校がこの四月、統合して小高産業技術高校になり、小高区内で授業をはじめる。柳さんは、高校生が安心して学校に通えるように、電車待ちの高校生のたまり場やクルマで迎えに来る保護者との待ち合わせ場所にもしたいと考えた。

「部活の終わるころの時間に小高を回ってみました。夕方六時半というともう暗いですよね。帰りの電車を待つ間、どうするのかな、何かあってからでは遅いな、駅通りで電気の点いているところが必要だな、と思ったのです。スマホの充電ができ、おやつも置いて、書店で買えるものがあって。書店というのは出入りフリー。そういう場所にしたい」

もうひとつ、旧避難地域で店をやる目的があるという。

「小高の避難解除の説明会にずっと出ていたのですが、生活の不便を訴える人が多かった。三月十一日まであったものが、全部もとに戻ることはありません。小高が精神的にも物理的にも暗いままだと、これから避難解除になる隣の浪江の人たちも絶望感を覚えてしまうかもしれません。それなら新たなものをつくって、私がマッチ売りの少女のように、暖かなともしびになりたいな、と思ったのです」

柳さんは二〇一二年以来、南相馬市の臨時災害放送局「南相馬ひばりＦＭ」で地元の人の話を傾聴する番組「ふたりとひとり」のパーソナリティを務める。出演料はない。放送局がある限り、続けると約束したそうだ。その縁で、南相馬市民となった。

「震災を三月十一日だけでくくることはできません。それ以前の長い歴史があり、三月十二日からいまに至る物語があります。番組では地元の人に出てもらい、私はその介添え役、産婆《さんば》役になっています。でも、こんなに続くとは思いませんでした。引っ越しは、約束を守るためでもあったのです」

放送は一六〇回以上を数える。いまや地域の人の思いをもっともよく知るひとりとなった。

文芸堂書店には、直接出向いて自著にサインを書く。同書店の高橋さんによると、最新刊の『ねこのおうち』（河出書房新社）が二〇〇冊、『人生にはやらなくていいことがある』が一八〇冊売れたという。南相馬市の〝ご当地作家〟として、住民の人気を集める。

フルハウスの開業によって近々、明るい話題を振りまくことになりそうだ。柳さんのともす光を見る日が待ち遠しい。

エピローグ　山陰で出版人を育てる「本の学校」

本物の「出版人」を育成するには

二十世紀末から二十一世紀初頭にかけて、公正取引委員会（公取委）が独占禁止法の適用除外として容認されている出版物の定価販売制度（再販制）の見直しを提起した。全国一律の価格によって人々の読書環境と文化を守っている、再販制を撤廃すれば弱肉強食の世界になり、中小の出版社や書店も立ちいかなくなってしまうと、出版業界は再販制維持の大合唱となる。

そのころ再販制の重要性を訴える書籍の刊行が告知された。発売日とされていた日に、さっそく購入しようとナショナルチェーンを含む大型書店をまわったところ、どこにも置いていない。書店員に聞いても、そんな本は知らないという。後でわかったのだが、発売が遅れていた。見つからなかったのは仕方のないことだった。

だが、再販制の実情を認識することになってしまった。再販制の本を探していると書店員に尋ねても「再販？」という反応。本の定価販売制度のことですと説明しても、なぜか通じない。

五、六人に聞いたのに、全員が同じような応対だった。
出版産業の根幹となる制度だと業界が一丸となって再販制護持を訴えているのに、書店の現場では、そもそも再販制という言葉自体がほとんど知られていなかったのである。

出版社の認識も大差ない。当時、「法律で定価販売が義務づけられているので、値引き販売はできません」と説明している出版社さえあった。独禁法上、メーカーが小売店に定価販売を強制するのは違法行為だ。だが、出版物は独禁法の適用除外によって「出版社が書店の小売価格を指示（強制）しても法律違反にはならない」というだけのことである。定価販売の義務づけなどというのは、認識がまったく逆転していた。

よくよく考えてみれば、書店員も出版社の社員も、現場の実務に長《た》けてはいても、基本的な出版業界の構造やしくみ、法的な裏付けなどは、能動的に動かなければ知る機会がなかったのではないだろうか。知識を得るための系統立った道筋もない。もう一言加えれば、知識がないから再販制の是非の判断もつかない。一知半解《いっちはんかい》で、大勢が再販制維持だから自分もそう言っておけばいいという程度の人々もいたようだ。

その後、公取委は再販制の改廃を断念し、再販制は事実上維持されているものの、いくら再販制が重要だと外部に訴えようとも、絵に描いた餅にすぎないという思いはぬぐえない。取次《とりつぎ》が主催する書店経営者や書店員向けの実務的な研修の機会はあるものの、出版全体を見通す、本格的な職業教育、産業教育の場もほとんどないままだ。

とはいえ、実は、業界人向けの出版教育の不在に一石を投じる取り組みが二二年前、山陰の地ではじまっていた。

鳥取県と島根県を中心に展開する老舗《しにせ》、今井書店グループ（本社・米子《よなご》市）は一九九五年一月、書店員教育の場として米子市に「本の学校」を立ち上げた。二十一世紀の正式開校を目指し、出版業界の実習を兼ねるモデル書店として「今井ブックセンター」を設置し、店内には出版文化を理解するための本の工房、本の博物室、図書室、子ども図書室、研修室、多目的ホールなどを設《もう》けるとともに、出版業界人研修や生涯学習講座、講演などを実施するという試みだ。二〇一二年には、より中立的なＮＰＯ法人として自立を果たしている。

現在、本の学校が展開する事業は多岐にわたる。地域のネットワークを広げる「生涯読書活動」推進事業、出版界・図書館界のあるべき姿について考える「出版の未来像」創造事業、山陰での「出版業界人基本教育講座」と東京での「本の学校連続講座」をベースにする「出版業界人」育成事業、市民と図書館、書店、教育研究機関などが連携した「学びの場」拡充事業の四つだ。

とりわけドイツの書籍業学校を範《はん》にした二泊三日（当初は一カ月間）の「出版業界人基本教育講座」は、現役の書店人や編集者、作家、研究者らが講師となり、全国の書店経営者や書店員が勉学に励む場として定着した。学生時代に参加し、その後、出版社に就職して本の学校の運営にかかわる人も現れている。

ドイツの書籍業学校をモデルに

今井書店の創業は、一八七二（明治五）年にさかのぼる。創業者の今井芳斎《ほうさい》（初代兼文）は、シーボルトが長崎に開いた鳴滝塾《なるたき》などに遊学後、鳥取藩の儒医（儒者と医者を兼ねている人）となり、廃藩置県後に学制が整《ととの》ったのを機に、「今井郁文堂」を開業する。これが今井書店のはじまりだ。初代兼文は医業以上に、書籍を通じて文化・知識を広めることが重要な事業だと考えたのである。

二代兼文は、国から島根県の教科書供給も手掛けてほしいと請《こ》われ、松江市に支店を開設する。三代兼文は、「存続することは、変化すること」を座右の銘とし、「情報や文化を通じて地域に資《し》すること」「常に新しいチャレンジをすること」をモットーに、「ドイツの書籍業学校に学ぶべき」と説いていたという。

歴代の経営者が鳥取と島根に根付く書店として、教育と文化の発展のために力を傾けてきたわけだ。

ドイツをモデルにした書籍業学校が実現するのは、三代兼文が没して一〇年後のこと。事実上の立役者は三代兼文の孫にあたる今井書店グループ役員の永井伸和さん、今井直樹さん、田江泰彦さんの三人である。永井さんらは、徐々に業界活動を減らしているとのことで、代わって本の学校副理事長の前田昇さん（五十九歳）と理事で事務局長の井澤尚之さん（六十三歳）

に学校の説明をしてもらった。

「出版業界が街の本屋をどれだけ理解しているのか疑問がありました。いまだに出版社は東京に集中し、戦前と変わりない。書店のための学校ではなく、産業構造と出版に携わる人の意識を変えるために、出版社、取次、書店という垣根をぜんぶ取っ払い、〝横串〟にした出版業界人のための学校として設立したのです」

そもそもドイツの書籍業学校とは、どのようなものなのだろうか。業界団体などの資料によると、ドイツではマイスター（職能訓練）制度の伝統のもと、国の認定する三〇〇余の職業に就《つ》くための資格制度があり、その資格を取得するための教育システムが整備されているという。

「本の学校」の前田昇さん（左）と井澤尚之さん

書籍業学校もそのひとつだ。

具体的には、出版社や取次、書店で構成するドイツ図書流通連盟が運営する学校（現メディアキャンパス）を筆頭に、国立の書籍業教習センターや州立の学校があり、書店で実習しながら、三年にわたって、書店経営学や図書館学、出版学などとともに文学、歴史、哲学といった幅広い学問を修める。いわば理論と実践を組み合わせたデュアル教育システムだ。

修了後は、国家試験を受け、合格すれば一人前の書店員として働くことができるしくみだ。

今井書店にとって、本の学校の源流はもうひとつある。八七年、グループ再編前の今井書店専務だった永井伸和さんら鳥取県書店組合が裏方となって、「本の国体」という愛称を持つ「ブックインとっとり　日本の出版文化展」を県民らで構成する実行委員会が開催したことだ。県内三カ所を会場に、図書三万点を移動展示し、出版、文芸、音楽など地域の活性化につながるシンポジウムや講演会も開催した。一〇日間で延べ六万七〇〇〇人余が参加する盛大な催しだったという。

本の国体が実現したのは、永井さんが三十代のとき、鳥取県に市立の図書館をつくろう、地方の出版を盛んにしよう、文化運動の拠点に、と地元新聞の座談会で三つの提言に取り組もうと話したことが背景にある。当時、鳥取県内には市立の図書館が一館もなかった。永井さんは、自ら地域で児童文庫を開きつつ、市民とともに図書館設置運動に取り組み、境港《さかいみなと》市に鳥取県初の市民図書館が誕生した際には、児童室の設置を要望して、児童書を寄贈するなどの貢献をした。また、本の国体を機に地方出版の顕彰事業「地方出版文化功労賞」も設けた。事業は定着し、二〇一七年に三〇回を迎えた。

さらに、これらの取り組みの延長線上で、「地域から描く21世紀の出版ビジョン」を大テーマに、九五年から九九年まで毎年三日間にわたって、鳥取の国立公園大山《だいせん》を会場に「大山　緑《りょく》陰《いん》シンポジウム」を開催し、出版業界や図書館、読書推進について語り合った。五年間でのべ二〇〇〇人が県内外から参集するほどの熱気だったという。分科会には、学校での「朝の読書

（朝読）」を提唱した教員の林公さんも講師として参加し、全国の小中高校に朝読が広がるきっかけにもなった。

三方を米子市に囲まれた日吉津村《ひえづそん》の職員でもある、本の学校副理事長の前田昇さんも、これらの活動を通じて本の学校に参画した。教育委員会に籍を置いていたとき、永井さんにブックインとっとりの活動に誘われ、「勉強になりそうだなと、最初は興味本位の軽い気持ちで参加した」ところ、大山のシンポジウムでは「書店で立ち読みする一読者のような立場のつもりだったのが、司会を引き受けることになった」と振り返る。

本の学校では主に、「生涯読書」に取り組み、同時に、「とっとりの子ども読書ネットワーク会議」の事務局長として、赤ちゃんと絵本を楽しむ育児のきっかけづくりをするブックスタートの定着にも勤《いそ》しむ。

「役場から見たら不良公務員かも（笑）。読書推進運動というと上から目線のようになるので、私たちがやっているのは、むしろ読者運動だと考えています。別に本屋としてやっているわけではなく、地域

本の学校今井ブックセンターの店内

の活動が先にあってのこと。その結果、出版文化と産業をトータルに考える自由な公論の場になりました。最後は自分で考える自立した市民、自立した地域になることが目的です」

かつて出版業界では、須原屋《すはらや》（さいたま市）や明屋《はるや》書店（松山市）などのように全国の書店の後継者などを住み込みで受け入れ、書店業のノウハウを伝授する事実上の書店学校があったものの、いまやそのようなしくみは廃《すた》れてしまった。

本の学校はその代替《だいたい》と思いきや、かなり異なっていた。目指すひとつは、書店業や出版産業の復興、再活性化だろうが、読者や地域とつながっているところが新鮮だ。

永井さんは「東京ではなく鳥取ではじめたのは地方からの改革、知の地域づくりを目指しています。本の学校は見えない学校です。見えないことのほうが大事だったりします」と公言する。教育機関としては、ドイツ並みには至っていないものの、ドイツとは異なる独自の取り組みとして存在感を増していた。

話を聞いたのは、本の学校今井ブックセンターの吹き抜けになっている二階の一角だった。終始、一階の店舗にやってきた子どもらの声が響き、活気に満ちた場所でもあった。

街の本屋を見て歩く道程の締めくくりは、はじめから本の学校にしようと考えていた。実際に見た本の学校は、書店のあり方を指し示す、ひとつの理想を体現していた。

本の学校の試みを反映した、地域や読者とつながる場が全国の書店にできたなら、どんなにか楽しいことだろう。いっそう教育機能を高めることで、読者と連携しつつ、書店・出版関係者に考える機会を提供し、書店の再興に資することを期待したいと思った。

〝旅〟のおわりに

街の本屋が廃れつつあり、逆境にある書店を応援できないかと考えて、全国の書店を歩いてきた。

訪れた書店はどこも印象深い。硬めの本を揃え、全国区の知名度を誇る地方の書店、地域の実情に対応してよろず屋的に商品を展開する中山間地《ちゆうさんかんち》の書店、会話を楽しみながら、お客の好みに応じた本をそれとなく仕入れる書店、目の前に大型店が出店し、意地でも店を守ろうと奮闘した結果、持ち直した書店、閉店の危機を乗り越え、個性的な品揃えやイベントで一目置かれるようになった書店、店の前には自転車が並び、店内では子どもたちの歓声が上がる昔ながらの書店、図書館と連携して街おこしに勤しむ書店――。

震災によって困難な状況に追い込まれ、ときに弱気になりながらも復興に取り組み、自らが地域や人々のともしびになろうと奮闘する書店にも心を動かされた。建物がなくなっても、人が少なくなっても、街に本屋があることで安心し、救われる人々が確かに存在することを実感することができた。災害によって書店の価値が見直されたかのようであるけれど、実は平時であっても、ふらりと訪れることのできる書店の役割はこんなところにもあったのではないだろうか。

うっすらとではあるけれど、取材した書店に共通項があるように思えたことがある。

「棚で会話する」。かつて書店主や書店員に取材すると、こんな言葉をよく聞いたものだ。直接、言葉をかわすのではなく、棚を介した無言の対話によってなされる書店とお客のコミュニケーションのことである。棚を通じてお客を驚かせてやろう、唸《うな》らせてやろうと書店側は知恵を絞り、あの本が売れたなら次はこの本を読みたくなるはずだと次の一手を仕込む。お客はお客でいい本を揃えているなあと感心し、棚の並びの妙に喚起されて思わず本を購入する。こんなふうに、書店とお客の幸福な関係が成り立っていた。

もちろん「棚で会話する」などと言わずとも、どこの書店の棚も多かれ少なかれ創意を凝らしている。その取り組みに言葉が与えられたのは、人文書の棚づくりに定評のあった、いまはなきリブロ池袋本店の書店員の名を冠した「今泉棚」が嚆矢《こうし》だった。

その後、ジャンルを問わずタイトルの流れを表現した見せ方を「文脈棚」と呼ぶようになる。ベース部分のマニュアル化は可能そうではあるものの、個々の書店に適用するには職人芸的な感性も求められた。

誰にも干渉されず、この棚は面白いな、こんな本があったのかと思いつつ、ひとり静かに品定めできるのが書店のよさだ。衣料品店や家電店のように「何かご入用《いりよう》ですか」「お手伝いしましょうか」と声をかけられたら、鬱陶《うっとう》しいことこの上ない。無言のコミュニケーションの場が書店なのである。

でも、接客業としてこれが唯一の正解だったのだろうか。

棚を見ると、何の変哲もない書店が、話を聞いてみると、売り上げ好調だったりする。教科書や図書館、企業・団体などの外商に大きく頼っているわけではない。個人のお客をきっちりと摑まえているからだった。

ある街の書店では、お客が来ると店主はずっとよもやま話に花を咲かせていた。たった一冊の雑誌を買いに来たお客とだ。次に来たお客ともやっぱり長々と話をしていた。まるで世間話が趣味のように。面白かったのは、棚の一角が場違いなほどディープな品揃えだったこと。店主は「あそこは○○さんのための棚。次はこの本を買ってくれるだろうと先回りしているんです」と言っていた。

この書店の周囲には、かつて競合店が複数あったという。近所の店はすべて廃業し、一店だけ残った。暇つぶしの雑談のように見えたものの、実は親密な関係があったからこそ、お客をつなぎとめていたわけだ。

日に焼けてショタレ（不良在庫）と化した本が棚の一部に並んでいた小さな書店も印象的だった。店主は一人ひとりのお客と朗らかに会話を楽しんでいた。やはり近所の書店が廃業するなか、唯一残った書店だった。

そんな書店は特異ではない。むしろ積極的にお客と会話する書店こそが生き残っているかのようだ。

個人的には、知り合いのいる書店ではあまり本を買いたくない。よく利用する書店であっても、人間関係をつくりたくない。読んでいる本を知られることで、頭のなかを覗《のぞ》かれているような気分になるからだ。それでも書店で発見を求めたい。だからこそ、棚を通じた会話に心地よさを感じた面もあった。

そんな私も、相反する感情ではあるけれど、「リアルに会話する書店」には心惹かれるものがある。見て歩いた街の書店の多くはそんな店だった。

なかでも意識的にお客と交流していたのは、福岡市のブックスキューブリック（一七八ページ）だった。街の本屋として一般的な雑誌や新刊書などを過不足なく揃えつつ、一歩奥に進めば個性的な棚に引き込まれる絶妙な品揃えが特徴の店であった。お客との交流の場としてのイベントにも力を入れていた。

店主の大井実さんからは、思いがけない話を聞いた。

前述したように、大井さんは、開業前に書店関連の出版物を読みあさったと聞き、私にも『物語のある本屋』という共著書があると話したら、期せずして「参考にさせてもらいました」という答えが返ってきた。しかも、この本で紹介した定有堂《ていゆうどう》書店に惹かれ、店主の奈良敏行さんに会いに行ったというのだ。

キューブリックを訪問した後、大井さんは二〇一七年一月に『ローカルブックストアである福岡ブックスキューブリック』（晶文社）を上梓した。そこでは、奈良さんとの出会いをこう記している。

〈本屋を始めるぐらいだから、まずは本に当たれとばかり本屋関連の本を20冊近く読んだ。なかでも印象に残ったのが『物語のある本屋』（アルメディア）だった〉

〈最も訪ねてみたいと思ったのが鳥取の定有堂書店だった〉
〈本屋をやりたいと言って相談した業界のほとんどの人からは、やめておけと言われたが、奈良さんだけは「がんばろうよ」と言ってくれた。やっていない１００人の意見より、実際にやっている奈良さんの一言のほうがはるかに心強かった〉

定有堂書店に影響を受けたキューブリックが、今度は、街の本屋のひとつの目標になっているのだから、私にとっても僥倖《ぎょうこう》というほかない。

書店業界内でも注目を集める定有堂書店

本の学校のある鳥取県に行くのなら、街の本屋の〃源流〃たる定有堂書店に寄らないわけにはいかない。実は、書店を巡る途上、奈良さんには取材をお願いしたものの、思うところがあっていまは取材を受けるのは遠慮しているということだった。

それならお目にかかるだけでもと、無理を言って訪問した。二十数年ぶりに見た店舗は、それなりに年季が入っていたものの、雰囲気はまったく変わっていなかった。五〇坪の店内には、やはり街の本屋としての品揃えを基調にしつつ、店全体を覆うように、書籍がぎっしりと詰まっていた。

以前奈良さんに会ったときは「人文書でお友だち」というキャッチフレーズを掲げつつ、「ミニコミをつくるような気持ちで本屋をつくってきた」と聞いていた。これを私は〈書店をミニコミに見立てて、お客と書店という関係を越える「物語」を一緒につくって行こうと考えた。物理的に限界のある書店という空間を、ミニコミ的な場として解放することで、空間的な制約を突破しようと考えたわけだ〉と記述した。

再会した奈良さんからは、A5判四ページのミニコミ様の手紙をもらった。取材を辞退する理由を〈語るものがない、見てもらうものがない。なぜだろう？　長岡さんの文脈でいうと、「物語」がなくなったからではないか、とふと思いました〉とし、〈自分がこれからもし語るとしたら、それは「物語のない本屋」なのだろうと漠然と気づきました〉と書かれていた。奈良さんにとって、書店と本屋は別物。書店は企業としての存在である一方、本屋は現実を手放した「夢」であり、縮小に向かうというのだ。では、「物語のない本屋」という言葉を聞いてどう思いますかと、奈良さんは手紙で尋ねる。

難解な問いだった。でも奈良さん流の逆説ではないかと思った。縮小にネガティブな意味合いはなかったからだ。いや希望さえ感じた。

定有堂書店では、二十数年前に出かけたときと変わらず、お客とともにミニコミをつくり、お客とともに読書会を開いていた。その上、お客のニックネームらしき名を冠した棚まであった。〝お客とともに〟というより、まるでお客が主体であるかのようである。人と人、人と本屋のつながりを「拡張」する、「会話する書店」のさらに一歩先を行っていた。

　奈良さんには、最後の最後に大きな宿題をもらったかたちではあるけれど、これからも「物語」を探しながら、街の書店を歩き、見ながら、応援していこうという気持ちを新たにした。

あとがき

私にとって書店は、羨望《せんぼう》の対象であった。町の中心部から離れた海沿いの〝在〟に暮らしていたから、子ども時代は日常的に書店に出かけることはかなわなかった。母が用事で町に出かけるとき、「何でもいいからマンガ本を買ってきて」とせびり、母が適当に買ってきた少年マンガ誌を何度も何度も読んだものだ。

自分で本屋に行ったのは小学四年か五年のことだったろうか。友だちから町に行こうと誘われ、親には知らせず、六、七キロ先の隣町に自転車を走らせ、新刊書店や古本も売っている貸本屋を回った。そのとき何の本を買ったかは忘れたけれど、雑学ものだったかもしれない。日が暮れてあたりは暗くなったころ、揚揚《ようよう》、自転車を飛ばして家に着いたら、田んぼ仕事を終えた母が息子がいないと、家の前に立って待っていた。ずいぶんと心配をかけてしまった。

日常的に書店に触れられるようになったのは、一九七〇年代半ば、自転車で通った一〇キロ近い先にある町なかの中学に入学してからだ。

町の中心部には本屋が二軒あった。当時、人口は一万五〇〇〇人ほどだったから、複数の書店が営業できていたのだろう。一軒は間口が狭く、奥行きのあるウナギの寝床のような店構えだった。古めかしく、店内はちょっと暗かった。星新一《ほししんいち》とか福島正実《ふくしままさみ》、豊田有恒《とよたありつね》、筒井康隆《つついやすたか》といった、そのころよく読まれていたSF作家の読物がたくさんあり、立ち読みをしつつ、小遣いに余裕があるときには買ったりした。もう一軒は改装したばかりだったのか、真新しく照明も明るかった。おばあさんが店番をしていて、長時間立ち読みをしていると、背中越しに、めがねをずらして上目遣いに視線を向けているのがわかったものだ。この店では文庫本を中心に買った。どちらも置いている雑誌はほぼ同じだったけれど、発売日はしっかり覚えていて、毎号読んでいたいくつかのタイトルごとに、最初に見つけたほうの書店で買うようにしていた。

町に暮らす級友たちがこんなふうにいつも本屋に行けたのかとうらやましく思いながら、私はその機会を取り戻そうと、かなりの頻度で本屋に通った。いま思うと、それぞれの書店の品揃えや特徴に応じて、使い分けていたようだ。

私にとって、これが書店の原風景だった。

本文でも記したように、私の故郷の町には、いま書店が一軒もない。東日本大震災によって、東京電力福島第一原子力発電所が水素爆発を起こし、二〇キロ圏内にあった故郷は避難地域になってしまい、人も商店も工場も強制的に追い立てられてしまったからだ。本屋に行きたいともんもんと暮らしていた実家も津波に流されてしまった。

震災時、書店は一軒になっていた。ただ、この書店は私が中学時代に利用していた店ではない。以前あった書店はどちらも閉店していた。そのうちの一軒は小中学校の教科書販売を担っていたことから、地元の関係者が教科書供給に実績のある別の市で営業していた書店に出店を請《こ》い、震災時にあったこの店は、利益度外視で存続していたのだという。その店も、原発事故の影響はもちろんのこと、テナントとして入っていた建物が地震で大きく損傷し、避難解除後の再開を断念することとなってしまった。

特異な事情だけれども、町が寂《すた》れ、人がいなくなると、書店はもとより商店が存立する環境や基盤が失われてしまう。東電に対する怒りは決して収まらない。が、結果的に、残念なことなのだけれど、地方の町々村々の将来の先取りとなってしまった感もまたぬぐえない。このことが悔しい。


書店を取り上げる雑誌の記事や単行本は数多《あまた》ある。その多くは個性的だったり、とんがっていたり、オシャレな装いだったり、あるいは規模の大きい有名書店やチェーン書店だったり、というのが常だ。でも、私が子どものころに利用したような、地域に密着した何の変哲もない、いわゆる街の書店の出番はあまりない。実は、お客（読者）と身近に接しているのは、淡々と営業しているかのように見える、そんな街の本屋ではないだろうか。

もとより郷愁で本屋を語っても詮無《せんな》い。だが、街の本屋は次々と消えている。読書環境を保証する街のインフラともいえる存在が失われつつあるという事態には、危機感を抱かざるを得ない。私のように本屋に行きたい子らはいまもいるはずだ。では、どうすればいいのか。

だからこそ、街の書店に焦点をあて、なぜ書店経営が困難になったのかその理由を追いつつ、そんななか創意工夫をこらして地域の人々とともに歩む書店を紹介したいと思った。また、困難ななかあえて書店業に参入した人々に光をあてたいとも思った。それが本書の〝旅〟の目的だった。

旅の道程でとりわけ印象深かったのは、東日本大震災で被災した書店の人々である。津波で店を流され、街が丸ごとなくなってしまった。住民も激減してしまった。にもかかわらず、仮設店舗で営業を続けたり、外商専業に移行したりして、必死に書店を存続させている。あえて新規出店した書店さえある。他の地域の書店以上に困難な状況なのに、それでも被災地で書店を続けようとする意志に感動を覚えずにはいられなかった。そしてこれらの書店のなかには、震災から五年、六年を経て本設店舗に移行したところが現れ、曙光《しょこう》もほの見えている。

なぜそうまでして書店を守ろうとしたのか、私自身、充分に伝えきれなかったとは思うものの、でも、いち早く再開した書店が、地元の人々に「灯りがついていてよかった」と感謝され、それが本格再建の原動力のひとつになったのは間違いない。書店もお客も、書店の役割を〝再発見〟したのではないだろうか。人と人との〝絆〟こそが街の本屋の真骨頂だったのである。

本書に登場した被災地以外の書店もまた、お客との強いつながりを意識していた。おおむね共通しているのが、売る側が積極的にお客と言葉をかわし、人間関係をつくっていることだ。私はこれを「会話する書店」と呼びたい。

その延長線上で、お客といっしょにイベントに取り組む書店がある。店内で読書会をやったり、場所を変えて日常的に講演会を開いたり、お客とともに一箱古本市のようなお祭りを催《もよお》したり、と。さらに、地元の需要に忠実であることもひとつの特徴だ。古書の併売は珍しいことではない。なかには野菜やパンを売ったり、旧式のワープロの修理を仲介したり、商店街を守ろうと不動産仲介にまで取り組む書店もあった。出版物そのものでも、いまや日陰者であるかのような扱いになってしまった成人向け図書もしっかり売っている書店が多かった。インターネットなどの情報環境にない高齢のお客の利便のためだ。視線はあくまでもお客に向いていた。一歩進んで、取次《とりつぎ》から自動的に送られてくる「配本」に頼らず、自ら選書する「自主仕入れ」に取り組む書店も目立った。お客の読書傾向をよく知っているからこそできることだ。その発展型として、大手の総合取次を使わず、自ら流通ルートを開拓する書店が増えつつあることも確認することができた。

書店はお客に育てられ、お客は書店に育てられるという関係――。人と人、店と人の垣根の低い小規模の街の本屋であればこそ、このような関係を培《つちか》える可能性があるということではないかと思える。

書店経営が厳しい、近所にいい本屋がないと、店主もお客もお互いに嘆《なげ》くばかりではない、新しい関係づくりのヒントとして本書を読んでもらい、活用してもらえればと思う。

この本は、二年間にわたる書店を巡り歩いた記録である。基本的には、本文中に新たな情報を付加せず、取材時の記事を再構成した。ただ、その後、事情が変化した書店もある。書店主・書店員のなかにも状況が変わった人がいた。

震災に被災した釜石《かまいし》市の桑畑《くわはた》書店、大船渡《おおふなと》市の山十《やまじゅう》・伊東文具店は、嬉しいことに二〇一七年中に新店舗に移行した。作家の柳美里《ゆうみり》さんが南相馬《みなみそうま》市小高《おだか》区で開こうとしている書店、フルハウスは一八年四月のオープンが本決まりになった。飯舘《いいたて》村の「ほんの森いいたて」の副店長だった高橋みほりさんは、避難中に就《つ》いた村の直売所が近々閉鎖することになり、気持ちを新たに書店の仕事を探したいとのことだった。

庄原《しょうばら》市の総商さとう・ウィー東城店は、新たにコインランドリーを設け、今後、移動スーパーにも挑戦するという。パン屋の開業も手伝うことになったそうだ。アメリカ向けにも本の販売を開始した。店主の佐藤友則さんは「木が年輪を重ねるように、静かにゆっくりと成長していきたい」と語る。街のよろず屋としての本領を発揮しているようだ。

熊本市のｍｙ　ｃｈａｉｒ　ｂｏｏｋｓは絵本の品揃えを充実したところ、いまや「店の顔」になっているそうだ。当初の売上げ目標には達していないものの、少ない売上げでも店を維持できる構造にもなったとのことだ。

宝塚《たからづか》市のサンクス宝塚ソリオ店は一七年七月に店舗を改装し、文具コーナーを新設するとともに、棚一本を「ベルサイユのばら」コーナーとして設けたところ、好評を博しているという。東久留米《ひがしくるめ》市の丸山書房では、売上げは下がっているものの、雑貨や文具を実験的に少しずつ増やし、数年のうちには売り場が様変わりするかもしれないとのことだ。

行田《ぎょうだ》市の忍《おし》書房では、地元がテレビドラマの舞台になったことで足を伸ばしてくれる人が増えたり、地域にかかわりのあるタイトルのスマッシュヒットがあったりして、お客との交流の機会も増えたという。〝休日店長〟の大井達夫さんから「正直言ってここ二〇年近くで一番幸せな土日を送っております」と知らせてもらった。

外商専業となったつくば市の友朋堂《ゆうほうどう》書店では、かつての利用者らが実行委員会を立ち上げ、旧店舗内で一箱古本市やトーク会を不定期で開く。出かけてみたら、目を見張るほどの活況を呈していた。お客と店の〝絆〟を感じさせる取り組みだ。

悲しいことに、倒産した札幌市のくすみ書房の久住邦晴さんは病に倒れた。いずれは再開したいと言っていたのに、無念さはいかばかりだったろうか。ブックセンター荻窪《おぎくぼ》の店長だった外山隆光さんの異動先、国立《くにたち》市の東西書店は閉店してしまった。周南《しゅうなん》市の市庭《いちば》ＢＯＯＫＳは雑誌売り場を残して書店部門を閉じたという。再起を期待したい。

気仙沼《けせんぬま》市のカムイコタンは、近所にあった病院の移転を機に、二〇一七年十月末を限りに閉店した。楽しげにお客とよもやま話をしていた店主の村上浩一さんの姿を思い浮かべると、やるせない。

結婚を機に店舗を閉めることにした人もいた。でも、無店舗で地域のイベントに出店したり、本にかかわる企画を続けたりするという。これからも意志をつないでいくに違いない。

本書に登場したのは、直接取材して記事にした書店が約六〇、訪問したものの店名に触れただけの書店が三〇ほど、これに閉店などで名前を出していない店が加わり、ほぼ一〇〇店に達していた。取材先の図書館や行政の関係者にも力添えいただいた。取次や出版社、出版の専門紙の方々にも取材協力や助言を受けている。被災地の取材では友人に車を飛ばしてもらった。これらの方々のおかげなしには、本のかたちにすることができなかった。感謝しかない。

この本のそもそもの成り立ちは、「潮」編集長の岩崎幸一郎さんに、書店取材をしたいと相談したのがきっかけだった。雑誌連載時には、取材の多くに、編集部の堀田知己さんといっしょに出かけた。堀田さんとの語らいで気がつかされることは再々であった。単行本化にあたっては、出版部部長の西田信男さんの助力を受けた。記してお礼申し上げたい。

この本の制作に携《たずさ》わったデザイナー、校正者、印刷・製本所などの方々、そして、この本の流通と販売を担う取次、書店などの方々にも、最大級の「ありがとう」を伝えたい。

——このような過程を経てみなさんのもとに届いたのが、本書なのです。読者のみなさんとの僥倖《ぎようこう》を喜びたいと思います。

二〇一七年十二月

長岡義幸

本書で取材・登場いただいた書店一覧

書店名	住所	備考
昭和書房	神奈川県横浜市青葉区奈良町 1670-221	
くすみ書房	札幌市厚別区	閉店
東西書店	東京都国立市	閉店
友朋堂書店	茨城県つくば市吾妻 3-8-6	外商専業
四季書房	東京都豊島区長崎 4 丁目 8-14	外商専業
忍書房	埼玉県行田市忍 2-18-6	
丸山書房	東京都東村山市栄町 2-8-1	
朗月堂書店	山梨県甲府市貢川本町 13-6	
八戸ブックセンター	青森県八戸市六日町 16-2 Garden Terrace 1F	
カネイリ番町店	青森県八戸市番町 26 番地	
伊吉書院八戸西店	青森県八戸市大字河原木字神才 6-3	
木村書店	青森県八戸市小中野 8-12-29	
南天堂書房	東京都文京区本駒込 1-1-28	
松山堂書店	愛媛県松山市柳井町 1-9-2	外商中心
ウィー東城店	広島県庄原市東城町川東 1348-1	
文化堂書店	東京都練馬区春日町 3-11-11	
長崎書店	熊本県熊本市中央区上通町 6-23	
長崎次郎書店	熊本県熊本市中央区新町 4-1-19	
恭文堂書店	東京都目黒区鷹番 3-3-19	
ブックランドサンクス 宝塚ソリオ店	兵庫県宝塚市栄町 2-1-1 ソリオ I GF	
本の店 英進堂	新潟県新潟市秋葉区程島 1876	
いわた書店	北海道砂川市西一条北 2-1-23	
幸福書房	東京都渋谷区上原 1-32-19	
サンブックス浜田山	東京都杉並区浜田山 3-30-5	

書店名	住所	備考
信愛書店 スペース en=gawa	東京都杉並区西荻南 2-24-15	
隆祥館書店	大阪市中央区安堂寺町 1-3-4	
赤城書店	東京都板橋区蓮沼町 19-4	
七五書店	愛知県名古屋市瑞穂区 弥富通 2-4-2	
北書店	新潟県新潟市中央区医学町通 2 番町 10-1 ダイアパレス医学町 101	
ブックスキューブリック 【けやき通り店】	福岡県福岡市中央区赤坂 2-1-12 ネオグランデ赤坂 1F	
定有堂書店	鳥取県鳥取市元町 121	
ブックスキューブリック 【箱崎店】	福岡県福岡市東区箱崎 1-5-14 ベ ルニード箱崎 1F	
市庭 BOOKS	山口県周南市銀南街 4 番地 徳山銀 南街ビル 1・2 階	閉店 (店舗は継続)
ホホホ座尾道店 コウガメ	広島県尾道市三軒家町 3-26 三軒 家アパートメント 202	
my chair books	熊本県熊本市中央区上通町 10-15 HK ビル 2F	
汽水空港	鳥取県東伯郡湯梨浜町松崎434-18	
本屋 Title	東京都杉並区桃井 1-5-2	
桑畑書店	岩手県釜石市大町 1 − 4 − 7 大町復興住宅 4 号 1 階	
一頁堂書店	岩手県上閉伊郡大槌町小鎚 27-3-4 シーサイドタウンマスト1F	
ブックボーイ大船渡店	岩手県大船渡市大船渡町野々田 22-5	
山十・伊東文具店	岩手県陸前高田市高田町字館の沖1番地 アバッセタカタ専門店街内	
おかべ本屋さん	宮城県石巻市流留字七勺 1-1 イオンスーパーセンター石巻東店内	
おいかわ	宮城県東松島市矢本字栄町 41	
本のさかい	宮城県女川町女川浜女川 303-6	
カムイコタン	宮城県気仙沼市	閉店
広文堂書店	福島県相馬市中村字田町 52	

書店名	住所	備考
丁子屋書店	福島県相馬市中村字大町 34	
おおうち書店	福島県南相馬市原町区三島町1-29	
角忠	福島県いわき市平 2-3	
岡田書店	福島県双葉郡楢葉町大字 山田岡竹之花 11-2	
ほんの森いいたて	福島県相馬郡飯舘村伊丹沢字 580-1	休業中
いいたて子育て支援 センター すくすく	福島県福島市大森字柳下 25-1	
西沢書店 大町店	福島県福島市大町 7-20	
竹とんぼ	熊本県阿蘇郡西原村小森 1847-3	
宮崎一心堂	熊本県水俣市昭和町 2-3-28	
三陽書店	熊本県熊本市中央区下通 1-7-29	
大手書店	岩手県下閉伊郡山田町川向町11-6	
信栄書店	岩手県釜石市甲子町第 9 地割 26-9	外商専業
文芸堂書店 桜井町店	福島県南相馬市原町区桜井町 1-123	
ヤマニ書房 本店	福島県いわき市平字 2-7-2	
鹿島ブックセンター	福島県いわき市鹿島町 走熊字小神山 18-8	
フルハウス	福島県南相馬市小高区東町 1-10	2018年4月 開店予定
本の学校 今井ブックセンター	鳥取県米子市新開 2-3-10	

◆ 2017年12月15日現在
◆本書掲載順
◆一部掲載していない書店もあります。

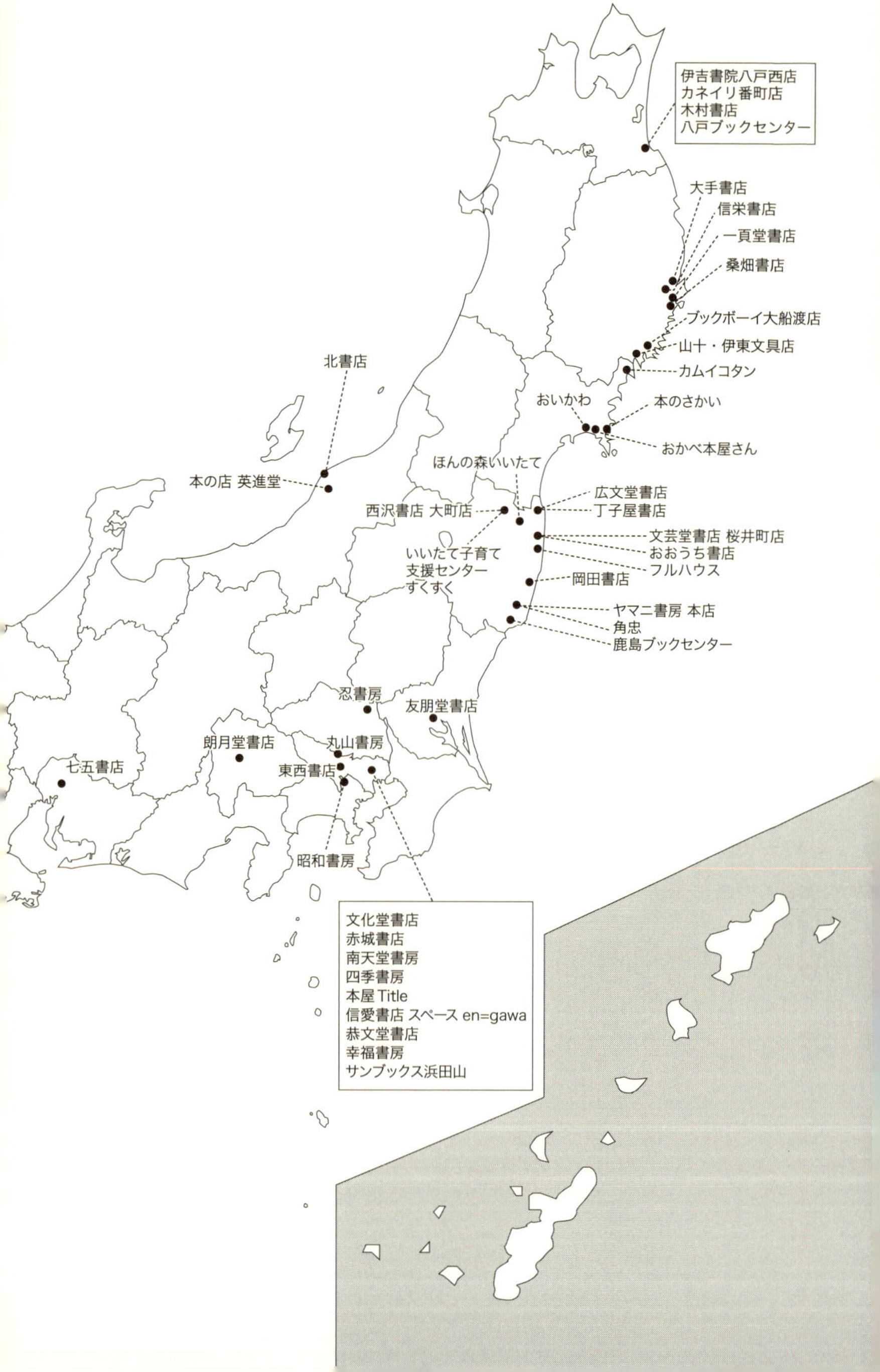

伊吉書院八戸西店
カネイリ番町店
木村書店
八戸ブックセンター
大手書店
信栄書店
一頁堂書店
桑畑書店
ブックボーイ大船渡店
山十・伊東文具店
カムイコタン
北書店
おいかわ
本のさかい
おかべ本屋さん
ほんの森いいたて
本の店 英進堂
広文堂書店
西沢書店 大町店
丁子屋書店
文芸堂書店 桜井町店
おおうち書店
いいたて子育て
支援センター
すくすく
フルハウス
岡田書店
ヤマニ書房 本店
角忠
鹿島ブックセンター
忍書房
友朋堂書店
朗月堂書店
丸山書房
七五書店
東西書店
昭和書房
文化堂書店
赤城書店
南天堂書房
四季書房
本屋 Title
信愛書店 スペース en=gawa
恭文堂書店
幸福書房
サンブックス浜田山

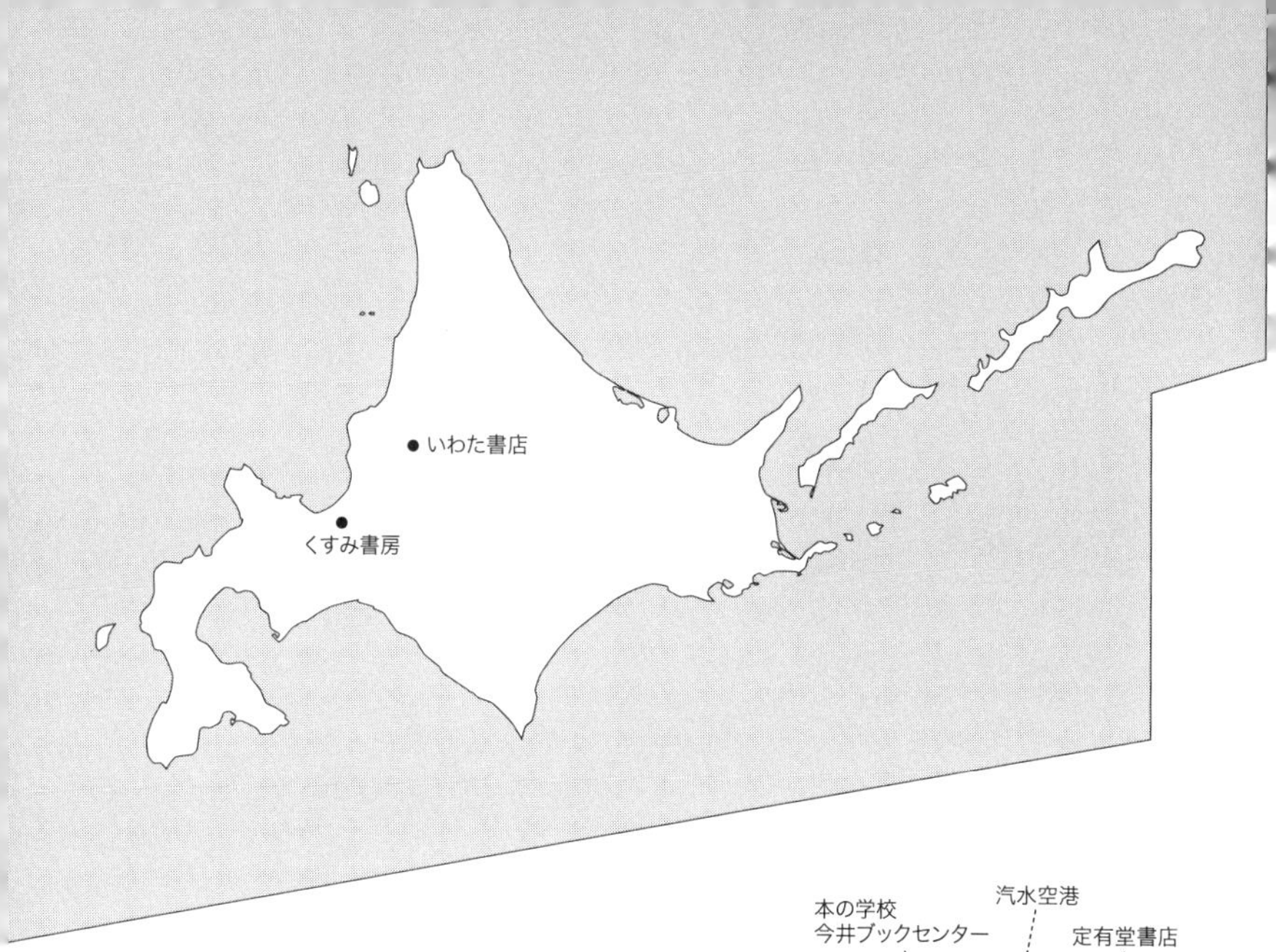

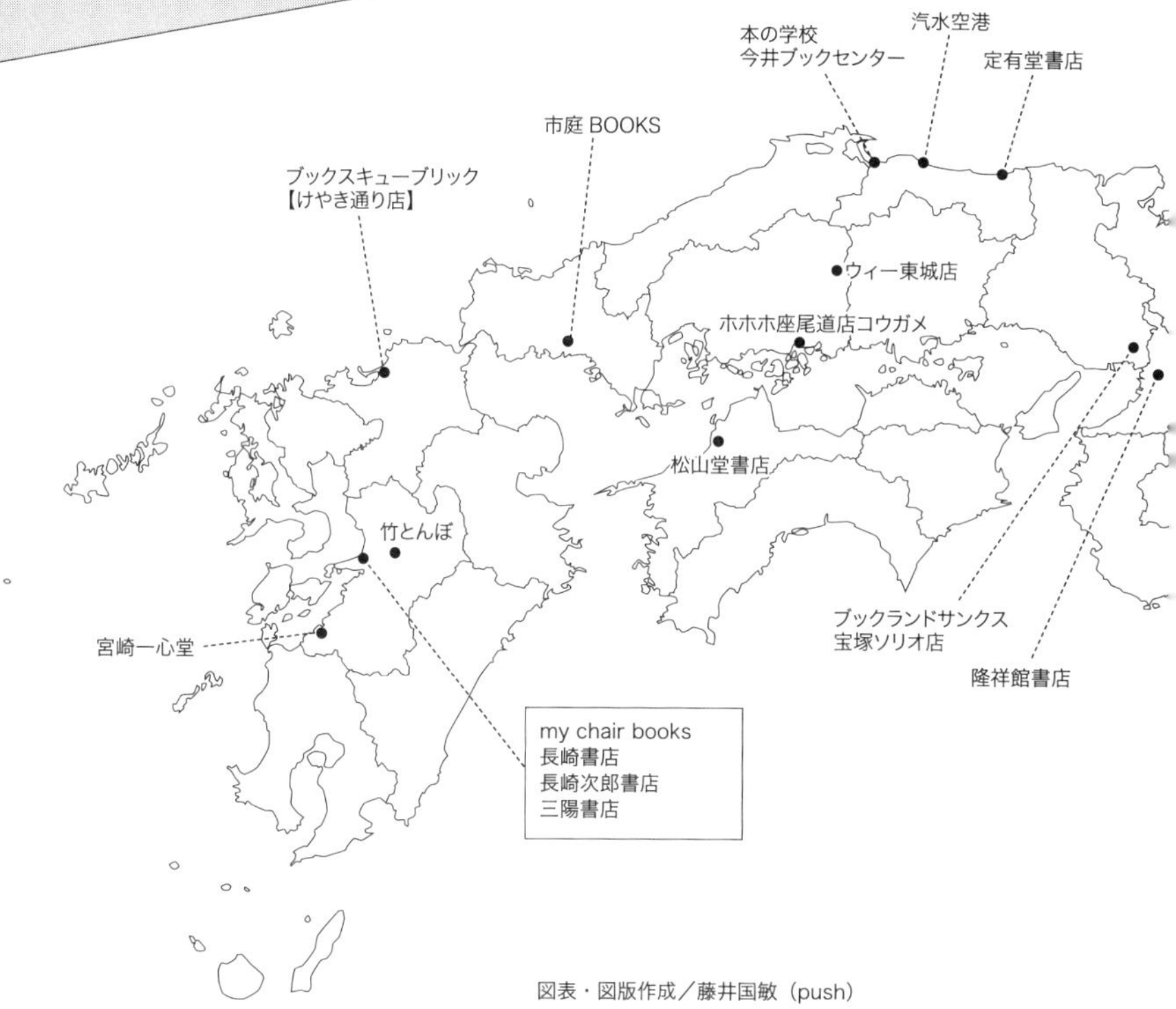

図表・図版作成／藤井国敏（push）

長岡義幸（ながおか・よしゆき）

フリーランス記者。関心分野は出版流通、表現の自由、子どもの権利、労働等々。1962 年福島県小高町（現・南相馬市）生まれ。国立福島工業高等専門学校卒業、早稲田大学第二文学部編入後、中退（抹籍）。出版流通専門紙「新文化」記者を経てフリーランスに。著書に『物語のある本屋』（共著）、『出版をめぐる冒険』『マンガはなぜ規制されるのか』ほか。連絡先は BXQ01050@nifty.ne.jp

「本を売る」という仕事
書店を歩く

2018年1月20日　初版発行
2018年2月16日　2刷発行

著　者／長岡義幸
発行者／南 晋三
発行所／株式会社 潮出版社
〒102-8110
東京都千代田区一番町6　一番町 SQUARE
電　話／03-3230-0781（編集）
03-3230-0741（営業）
振替口座／00150-5-61090
印刷・製本／株式会社暁印刷

ISBN978-4-267-02112-1 C0034

www.usio.co.jp